杭州

旅行邂逅文艺范儿

《旅游圣经》编辑部 策划

章芝君 著

北京出版集团公司
北京美术摄影出版社

图书在版编目（CIP）数据

旅行邂逅文艺范儿. 杭州 / 章芝君著. — 北京：
北京美术摄影出版社，2017.7
ISBN 978-7-80501-992-5

Ⅰ. ①旅… Ⅱ. ①章… Ⅲ. ①旅游指南—杭州 Ⅳ.
①K928.9

中国版本图书馆CIP数据核字(2017)第022667号

责任编辑：董维东
特约编辑：王　华
助理编辑：鲍思佳
责任印制：彭军芳

# 旅行邂逅文艺范儿　杭州
## LÜXING XIEHOU WENYI FANR　HANGZHOU

《旅游圣经》编辑部　策划　章芝君　著

出　版　北京出版集团公司
　　　　　北京美术摄影出版社
地　址　北京北三环中路6号
邮　编　100120
网　址　www.bph.com.cn
总发行　北京出版集团公司
发　行　京版北美（北京）文化艺术传媒有限公司
经　销　新华书店
印　刷　北京方嘉彩色印刷有限责任公司
版印次　2017年7月第1版第1次印刷
开　本　700毫米×1000毫米　1/16
印　张　18.5
字　数　207千字
书　号　ISBN 978-7-80501-992-5
定　价　69.00元
如有印装质量问题，由本社负责调换
质量监督电话　010-58572393

# 序
## PREFACE

## 西湖很近，喧嚣很远

杭州，除了西湖，她还有西溪、钱江、运河。

杭州的文艺范儿，有一点小清新，有一点小惬意，有一点小确幸。

总有一天，我们不再需要走马观花的旅行，不再只是打卡拍照，不再只是到此一游，而是把心留下，择一城厮守，窝在某处，静待花开的声音。

杭州，既有江南温柔的清风，又有古老浪漫的历史传说，更有小资的文艺街巷。这里拥有无数格调清新、文艺浪漫的客栈、餐厅、咖啡馆、书店，每一家都是一处风景。你可以哪里都不去，只在湖边或山里选一家精致的民宿，捧上一杯香浓的龙井茶，在满眼醉人的绿色中，享受一段浮生若梦的惬意时光。

这里离西湖很近，离喧嚣很远，随时可能发现惊喜。

在杭州，你可以把自己的身份从"游客"中排除，"生活在某处"才是旅行最好的方式。

## 西湖之外　更有杭州

杭州如酒，越是细细品味之后，越能感受她的美。

她低调、安静、内敛、自然。不是那种第一眼能读懂看透的漂亮，而是有一种越深入越能将心安放在这里的美丽。

对，是美丽，而并非漂亮。漂亮太空洞，无法表达出杭州的万分之一。

浪漫，小资，艺术气息浓厚。既现代化，又颇具情怀。

天堂在上，杭州在下。无可比拟，无可复制。

西湖是杭州的魂，是杭州最摄人心魄的瑰宝，但杭州并非只有西湖，杭州更多的魅力，在于格调与多元。

如果你初到杭州，不仅要看西湖，还要看看西湖之外的杭州。

西湖之外，杭州还有东部蜿蜒群山的清幽；灵隐之外，还有佛教圣地三天竺的隐逸；除去龙井村的如画茶山，还有里鸡笼山的阡陌茶田；除去河坊街的繁闹喧哗，还有大井巷静默怡然。此外，您还可以在大运河畔探古韵人家，可以在皇城脚下老吴山听古老的故事；可以走一走艺术之路南山路、民国典藏北山路、文艺街区青芝坞，可以住一住客栈聚集地四眼井、山里人家满觉陇、十里湿地醉西溪，每一处都是具有着独特意义的风景。

绕开西湖之外的杭州，大隐于市的人间天堂。

杭州的精髓在西湖，然而探寻西湖之外的杭州，更能找到。

## 越文艺，越杭州

杭州如诗，一树一木仿佛都晕染了诗意的灵气，显得格外文艺。杭州的文艺，拥有诗人般的情怀，略带感伤和柔韧，是刻在骨髓里与生命共存的。

从最早的文艺街区南山路，到新生代的"四眼井""青芝坞""白乐桥""满觉陇""南宋御街"，杭州的文艺看似平淡含蓄，低调，不张扬，不显摆，实则内心丰盈，以她巨大的包容力和深邃的历史，来营造出一种独特的诗样人文。

杭州的文艺，就是一种生活、人们能够轻易在城市和风景中转换，随时从快节奏的写字楼出发，移步到西湖小跑环湖；也可以随时从时尚高端的购物中心出发去宫崎骏浪漫的画中赏花看雪；更可以骑行来到山野，在里鸡笼山体验山里的茶人茶趣；漫步十里孤山路，感受白堤苏堤上"人间天堂"的灵动。

章芝君

# 目录
## CONTENTS

# 天竺

## 时光沉淀的天堂胜境

在杭州，西湖之外，还有一个自然与人文完美融汇的地方——天竺。在这里，禅寺、佛学院、古村、龙井茶园与顶级酒店，共同构成了一个世界级景区。

避开熙熙攘攘的灵隐寺，可以沿着天竺路徒步探访千年寺庙永福寺，可以穿过法云小径去感受神秘的法云古村，可以去杭州佛学院听一场早课。还可以选择天竺路上的曼殊度假酒店，住在面朝法镜寺的房间，于暮鼓晨钟中闻鸟语声声，禅音连绵。

要体验最美的天竺胜境，一定要早起，踩着古老的道路，于弥漫的晨雾中去感受天竺的神秘与静寂。在这里，可以寻觅到一丝世外桃源的宁静悠远，不沾红尘的气息。

走累了，可以在天竺路随意找家面馆吃碗素面，或者选择去文艺范儿十足的素描餐厅尝试一下创意的杭帮菜。

天竺附近的白乐桥聚集了很多年轻创作者和独立设计师，他们纷纷选择来这里开设理想化的民宿，逃离城市喧嚣，建起梦想中的乌托邦。低调的"蜜桃小院"、清新可人的"猫船长客栈"、品质和格调兼具的"有间房子"、如家般温暖的"朴璞"……每一间民宿都有自己的故事。

在这里，谈笑追往事，煮茶望西湖，数百年的时间凝于这一瞬。

法云小径
—— 禅境之中，红尘之外

要论杭州哪条路充满禅意，法云小径当之无愧。这条毗邻灵隐寺，相通于永福寺与杭州佛学院之间的参佛之路，自唐朝以来便是佛家门槛外最接近红尘的去处。

踏足于此，仿佛无德禅师所说的那样"一呼吸便是梵唱，脉搏跳动就是钟鼓，身体便是庙宇，两耳就是菩提，无处不是宁静"。

◆ 景点特色

◆ 充满禅意的古村小径
◆ 遗落尘世的意境

### 隐在禅院身后的古村

自古以来，西子湖畔钟灵毓秀，一向不缺凝然静气的神韵，世界再嘈杂，总能寻得一个满眼绿意的禅意避世之处。

法云古村，又被称为"天外茶村"，自古就是隐士文人的隐居之地，因为上佳的地理位置和隐逸而闻名。这个见于历史文献的村落，藏匿于杭州灵隐景区一个风景如画的山谷中。村落房居以夯土墙和木头为承重结构，白墙灰瓦，沿着溪流错落有致。岁月流转，这里始终访者不断。虔诚的香客、居士在法云小径来来往往，进香，歇脚，在这片邻近繁华的僻静村落里倾听、感悟。

如今的法云古村，虽然已被改造为著名的酒店——安缦法云，却依旧保留着法云古村昔日的样貌。寂静的村落隐于山谷密林，钟声磬音回响，也成了极好的清修之地。

若想摆脱周遭的浮躁和纷扰，可去古朴的法云小径和幽静的法云古村走走，感受古朴与宁静，听禅音声声，仿佛重新冲洗了心脾一般，体验一回真正的出世无尘，世界一

素土夯实的黄土墙建筑保留着原有的村落环境

走进法云小径处处都是惊喜

1｜2　　1. 转过幽静的小西天仿佛进入了另一个世界　　2. 每一个角落都宁静致远

切喧嚣，都仿佛渐行渐远。

## "18世纪的中国村落"小径

　　法云古村中的法云小径，也是安缦法云度假酒店的主干道。

　　这座"18世纪的中国村落"里的小径，一边连接着永福寺，一边通向杭州佛学院茂密的竹林，因此经常可以见到穿着僧袍的僧侣，或在永福寺上香礼佛后的信众，他们三三两两，或独行，或交谈，姿态洒脱，步履安然，周围草木葱茏，茂林修竹，有说不尽的宁静安心。

　　即使不住安缦法云，依旧可以感到这里的美好。平日，法云小径免费对外开放，小径两侧散落着几家素食餐厅和茶馆，巧妙地连接了永福寺、安缦法云的客房和其他设施。

　　我最喜欢在雨天，一个人，撑着伞，信步于法云小径。石板长，草木深，花香凝

神。小径的台阶用山石或鹅卵石铺就，不少野草钻出石缝，奋力生长，在雨水的润泽下熠熠生辉，平添了几分野趣。盎然小径幽幽曲曲，让人可以怀着一种迷失幽径、恣意游走的心情，走走停停，感受空气里弥漫着的芬芳，感受古村的素雅古朴，感受那低调里的奢华，仿佛一场内心的修行。

宁静致远的禅意，低调极简的环境，法云小径给人的不仅是一种旅游体验，更是一种生活享受。

避世恬淡，静绝尘喧。这是中式文化最美的珍藏。

### ♀ 景点资讯

地　　址：杭州市天竺路安缦法云度假酒店内

门　　票：无

# 永福禅寺
## ——带着禅意的幸福

永福禅寺曾经是皇家园林，依灵隐寺而栖，傍法云古村而建，是一处远离繁华和喧嚣的幽静所在。比之声名远播的灵隐，无论是在地理位置还是建寺格局上，都显示出脱俗的个性与气质，像极了儒雅的诗人——着朴素的衣装，写华丽的篇章。

◆ 景点特色

- ◆ 以园林式院落见长
- ◆ 喝禅茶的好去处

## 天竺闻禅宗

经过人头攒动的灵隐寺，再往前，车辆、游客就渐渐稀少了。两旁山谷葱翠、鸟儿啁啾，周边突然安静下来，这里就是天竺区域。

一条千年的上香古道连接了七座禅寺，其中一座，就是永福禅寺。那是东晋时印度惠理法师初来东土传播佛法时留下的四座寺庙"灵隐、灵顺、永福、上天竺"之一，有1600多年的历史。

从天竺路的小路拐入，穿过小西天的石牌坊，行走在其中，有种"大隐于市"的低调和满足。

道路两旁的毛竹、枫香高入云天，与其他古树轻松散漫地聚拢在一起，犹如一道与尘世隔离的屏障，将那些喧嚣都阻止在了路上。

远处，晨钟响起，那空灵美妙的禅音似一个引路人。循着声响往前，经过法云古村，穿过绿意上山，走一会儿，隐匿于山林间的永福禅寺就呈现在面前了。

这是我最喜欢的走法。避开喧嚣，在晨曦中探访杭州的精华。

大雄宝殿有一种低调的气质

寺庙在秋叶的衬托下格外宁静

## 寺庙中的皇家园林

永福禅寺称得上是一座立体的佛教园林。

禅寺整个的设计风格是错落的院落式，打破了历代寺庙依中轴线而建的传统，看不到一般佛教寺院沿中轴线而起的气势恢宏的主体建筑，一切设计都"为古木古迹让路"，让佛殿禅院随意错落有致地镶嵌在整个山体中，由一道自上而下的山泉串联着，和大自然融为一体。这座禅寺既保留着唐代的建筑风格，又具有江南园林的空间格局，就像古代的皇家园林，极富韵味。

现在的永福禅寺是2003年重修的，由极富艺术素养的月真法师亲自规划，他于水墨山水和书法意境中融入了因循自然的空灵之气，自然而随意地突显了它的独特的风格。

院中铺陈着一条石阶小径，两旁密密地种植着新竹和树木，大片园林围绕着殿堂和僧舍，寄身其中，既可以欣赏山野奇趣，又可以体味宴居山林的清幽无尘。

沿着山泉拾级而上，来到古香禅院。这里幽远出尘，颇有禅意。坡上古木森森，林下海桐树和绿草漫铺，走上山边的石阶和小拱桥，颇有"远上寒山石径斜"之感。秋日，当山间树叶全红时，又是一番迷人景象。

经过主殿为"观音宝殿"的普圆净院，就是资严慧院。这里的主殿为"大雄宝殿"，内供奉佛家祖师释迦牟尼佛及迦叶、阿难二尊者青铜像。院内有一处观景台，可以远眺西湖群山美景，名曰"湖山一览"，是历代文人雅士登临神往的佳境。

凭栏远眺漫山遍野翠绿的茶园，感受一呼一吸间身心的愉悦欢欣，对于身处其中的每一个人来说，任何一个细微处的起伏，都带着禅意的幸福。

湖山一览是宗福禅寺最佳赏景位置

门口的七星塔是永福禅寺的标志

寺内山林苍郁，景致幽雅宜人

## 煮茶望西湖

永福禅寺院内有一座福泉茶院，古建筑与周边的山体、庭院、流泉、景观相得益彰、浑然一体。金沙、白沙二泉缓缓流经寺院，泉水用以沏泡禅茶之余，亦可用作灌溉茶园。

古老的石罐旁，清澈的泉水潺潺流下，上前掬一汪清泉于掌心，一饮而尽，泉水的甘甜醇美，顿时会让旅人忘却行走的疲累，豁然轻松。

无论香茗还是素斋，这座暗藏在一片天然屏障中的茶院都做到了极致。

在此间穿行，无须指引，随心即可。拾级而上，穿过连环的门洞和曲折的檐廊，自能收获另一番美景。这便是永福禅寺独特建筑结构的有趣之处，每一处禅院都若隐若现于竹林和山谷中，看似一步之遥，却是需翻越许多山头才可抵达，途中清泉与山花始终相伴。即使一人前来，也不会觉得寂寞，只觉内心被慢慢洗涤。

永福禅寺给我印象最佳的是自助取香处。手执三炷清香，正身立于大雄宝殿前方，清空一切绵杂的思绪，让心沉浸于禅师的开示中，以开启智慧，通达晓理。 在这里，找不到可以供奉香烛的烛台。缘由是永福禅寺并不强调烧香拜佛。据称佛教的本质并非烧香拜佛，而是放下名利是非，追求内心的宁静，永福禅寺营造的就是这样的宁静。

之后，于宽阔的露台之上远眺青山玉湖，景幽心静，天高地阔。

📍 景点资讯 ─────────────────

地　　址：杭州市灵隐路法云弄16号
门　　票：45元（含在飞来峰景区门票内）

## 杭州佛学院
### ——亦诗亦佛读山水

位于三天竺和安曼村之间的杭州佛学院是一块很容易被人忽略的佛教清净之地，甚至本地人都不一定知道它的存在。与尘世一墙之隔的杭州佛学院仿佛一位世外高人大隐于市。穿过佛学院的牌楼，仿佛来到另一个世界，这里亦诗亦佛的仙人境界，绝对是静谧宁静的心灵归隐处。

◆ 景点特色

◆ 周日举办青年学佛班
◆ 可体验和僧侣共同过堂（吃斋饭）

### 天竺秘境的仙界

绿色，一定是世间最美好的色彩。

通向杭州佛学院的小径有一段上坡，满眼绿色，幽静非常。设想在飘着细雨的清晨，独自撑着绸伞，行走于这里，会有种返璞归真的宁静感。

穿过不宽的"小西天"石门洞，仿佛进入了一个完全不同的世界，洞内是仙界，洞外是人间。

通往佛学院的小径，满目的青翠会让人神清气爽，也会荡涤内心的纤尘。

走过一段长长的路，拐个弯，就可以看到"杭州佛学院"的牌楼。连片的佛教建筑矗立于大型水池上，描绘出一组组对称的倒影，在空旷的天地间，烘托出别样的宁静。建筑的檐口自上而下挂着一条条莲花灯制作而成的挂链，更加重了仪式感。

### 禁语的冥想

佛学院是僧侣闻法修行的场所，平时不对外开放。但是每个星期日，从早上9点开

|   1   |
|-------|
| 2 | 3 |

1. 连片的佛教建筑矗立在大型水池上　　2. 欧阳询书《般若波罗蜜多心经》
3. 佛墙前的莲花灯

梵文公开课和青年学佛班的课堂

始，有学佛班的公开课。游人可以去听，但要保证课堂纪律，也要注意日常礼仪，比如，进入佛学院必须服装整洁、清净素食，不吸烟，不高声喧哗，以保证学院庄严、清净的氛围。女学员不能披着长发，也不能穿露肩露膝的裙装和高跟鞋来上课。课后，可以去体验中午的过堂（佛家俗语：吃饭），完成一次难忘的体验。

所有第一次参加过堂的学员都要先被师兄叫到讲台去学习礼仪，然后排队依次进入斋堂。男学员在前，女学员在后，脚步要轻，尽量不发出声音，路上遇到师父需要停下脚步合掌行礼。

到达斋堂根据指示入座后，先把碗翻过来，沿着桌前沿用筷子放平，等待师傅发放食物。如果觉得饭菜够了，就给发菜师傅一个手势，他自然会少给或者不给。食物发放完毕，需要全体起立合掌唱念开斋偈，然后开始用餐。食毕唱念结斋偈，起立送师父离开，方可离开斋堂。

过堂的整个过程是禁语的。禁语的时候，你会真正触碰到自己的内心，思考这个世界最纯粹的部分。

你已经多久没有禁语了？

印象中，只有在尼泊尔的中华寺，我才真正有一次禁语的短暂经历。我还记得那个袈裟飘飘、清风微醺的清晨，伴着声声礼佛诵经，从满天星辰到黎明破晓。

那是人生中最美好的一段回忆。

那是一片只属于内心的宁静。

📍 景点资讯

地　　址：杭州市灵隐景区法云弄60号

联 系 人：照贤法师 13958013320　慧敏居士 13003630515

# 曼殊度假酒店
## ——山谷中的低吟

来到杭州，如果愿意体验晨钟暮鼓的日子，可以来到这里——曼殊度假酒店。

寺庙外，山谷间，天竺路277号，两栋不大的房子依山而建。清晨时分，站在曼殊客房的露台，可以眺望不远处天竺三寺中法净寺缭绕的香火，宁静中带着肃穆。

藏于野，居于林下，曼殊就在此间。

◆ 客栈特色

◆ 禅文化主题
◆ 可安排寻佛之旅

### 僧人曼殊

"一切有情，皆无挂碍"，这是曼殊度假酒店对外的标语。问其出处，引出一段关于"曼殊"的故事。

曼殊度假酒店坐落在天竺的远山近水间，与法镜、法净、法喜天竺三寺近在咫尺，在曼殊的露台便可望到，而永福寺、灵顺寺又与它遥相对望。曼殊度假酒店仿佛也被浸染了浓浓的禅意。

曼殊度假酒店的名字则是取自诗人、僧人苏曼殊。这位法号"曼殊"的奇人，诗、文、小说、绘画无不精通，尤其以诗的影响最大，故有"诗僧"之称。他曾写过《无题诗三百首》，可惜已经失传。

苏曼殊半僧半俗地独处一生，去世前留下八个字"一切有情，皆无挂碍"。八个字似参透了人生真谛，也是曼殊度假酒店尽力想给客人创造的一种氛围：希望每位客人住在曼殊的时光都能够放下挂碍，安然享受在这里的每一刻。

天竺路上的曼殊度假酒店

## 客栈曼殊

曼殊度假酒店静静地坐落在那里，仿佛遗世而独立，气质独特，它曾被评为"第一届最美西湖民宿"。

酒店的客房简单大气，并不过于奢华，但每个房间，或有一个院落，或有一个阳台、一个露台，客人可以躲在自己的房间消磨半日辰光。设计师尽力将绝佳的自然景色从山外引入房内，不丢弃任何一处风景。洗手间、房间都改成大大的落地窗，让客人能看到远近不同的山景。在山景的远方，庙宇中袅袅传来的钟声似乎在提醒所有人，你所看到的天地多么的宁静祥和。

每一个房间的床头，都放置着一本手工绘制的牛皮本"入住指南"，轻轻翻阅，里面的内容和设计会让人感到酒店的各种贴心。从房间的露台可以看到幽静的上香古道和悠然走过的僧人。盘坐在藤制沙发上，泡杯香茗，或做着瑜伽，望着前方的山色空蒙，晨雾如轻纱般披落在山间。平日里的纷繁与复杂，都化成了柔软时光。

如果季节刚好，可以走下曼殊的台阶，去对面茶农自家的茶园，跟着茶农一起采摘炒制正宗的明前龙井或是雨后龙井，然后泡上一杯，看着翠绿的两叶一心在眼前上下浮沉，紧皱的眉心也会随之舒展开来。

也可以慢慢地走一遍上香古道遗址，感受古道的静谧和香客的虔诚。或是在天竺路上寻一处安静的店铺，点一碗素面或是香甜的桂花西湖藕粉，看太阳透过树叶洒下的一片斑驳，就这样静静地坐着，私享浮生的惬意。

坐在曼殊度假酒店的玻璃房里欣赏天竺群山实为一种享受

曼殊房间露台外就是天竺的法净寺

1 | 2 　　1. 暖色调的餐厅很有味道　　2. 曼殊的设计精髓就是将室外的自然景色借进房间

## 客人曼殊

　　曼殊期望每一位客人都能享受到自然天成的城市山居生活，感悟沉淀千年的佛禅文化。主人希望把"入世"的客人带到一种暂时的"出世"的生活中。简单且无关名利。

　　主人把自己对美的追求都融在这家曼殊里，汲取"禅"的养分，沉淀出宁静淡泊。他希望曼殊不仅仅是一家民宿，所以在设计时一直在做减法，以便让客人能体味那种"物随心转，境由心造"的境地。

　　如果有缘，客人还可以赶上参加曼殊不定期组织的"寻佛之旅"。这个活动一般会在周末进行，需要提前预约。届时，可以跟寺庙里的师父一起学习佛法、礼仪，一起过堂诵经，体验禅宗生活真趣。

　　在曼殊，任何念想都应该是随心而动依心而行的。曼殊给你的，是松风阵阵、流水潺潺，是放慢的生活，是喧嚣的远离，是让心灵实现自由的休憩。

## 客栈资讯

地　　址：杭州市天竺路275-277号

电　　话：0571-87987277

预订方式：网络/电话

房间价格：320~522元

# 猫船长客栈
## ——当白乐桥遇见地中海

不是所有人都能拥有一场说走就走的旅行，行走天涯需要满足很多的条件，不过如果你无法远赴地中海度假，可以来白乐桥的猫船长客栈小憩，这里同样拥有着如地中海般的格调和惬意。

猫船长在白乐桥的众多民宿中，可能是房间最少的小清新客栈了，但把每一个细节都做到了极致。

◆ 客栈特色

◆ 地中海海岛风格
◆ 萌货的乐园

## 海岛风弥漫

猫船长客栈一楼大厅为休闲区，提供茶饮咖啡，二楼、三楼为客房。店里只有四个房间，每间客房均以老板老猫喜欢的海岛名称来命名：圣托里尼、毛里求斯、塔斯马尼亚、波拉波拉。每一座海岛都堪称人间天堂，同样以此为名的房间也是美得令人陶醉且各有特色：蓝色和白色的对比，是整个客栈的主基调；船舵、救生圈、海星、贝壳……每一个小细节都透露着浓浓的地中海风。

来这里的人最关心的问题似乎就是："只有四个房间，能赚到钱吗？"

老猫总是会淡淡地回答："这只是一个放松心情的地方，如果纯粹为了赚钱，就背离了我当时开门迎友人的初衷……"

慢生活的态度才是猫船长最想表达的真谛，在这里，旅人会愿意让一颗忙碌的心慢下来，静静地交给光阴。

充满了海岛元素的前台

浓浓的地中海风情

1 | 2
|---
| 3

1. 以蓝白两色为主色调的房间　　2. 以海岛为名的房间门牌　　3.猫船长家的流浪猫

## 流浪宠物之家

与其他客栈不同的是，猫船长的镇店之宝是一个"大副"和三个"水手"，它们都是老猫捡回来的流浪小动物，猫船长为它们提供了一个属于自己的家。

大副"三井"是只大金毛，已经7岁了，温顺、乖巧，特别讨人喜欢。其中一个"水手"是蝴蝶犬"布丁"，长得很漂亮，且性格温顺乖巧。另外两个"水手"虎斑猫"糖豆"和长毛猫"糖糖"，从小一起长大，感情十分亲密。真正猫船长家LOGO的原型，则是老猫自家养的猫老大"香香"，"香香"是一只脾气很差的虎斑猫，长得很圆，猫船长家的LOGO便是它的剪影。近期，院子里又多了一个黑白色的新"水手"，也是流浪猫，因为这里伙食好，长期赖着不走，还特别黏人。

遗憾的是，水手"糖豆"因为在后山溜达时被野猪夹夹断了前肢，做了截肢手术，术

后内心特别脆弱，而与它一起长大本来就很胆小的"糖糖"也受到了不小的打击，两只猫最近都在后院疗伤，不肯见人。

如果你碰巧在院子里见到它们，记得对它们表达友好，并给予它们一些温暖。

## 客栈资讯

地　　址：杭州市西湖区灵隐景区白乐桥249号
电　　话：13958010395　0571-87985255
预订方式：网络/电话
房间价格：358~468元

# 蜜桃小院
## ——略带清高的优雅

作为一度被冠以「杭州空间设计界最成功民宿案例」的蜜桃小院，出现在民宿还没有如今热度的2012年，成为那个时期杭州民宿界的设计标杆。它位于白乐桥村庄的高处，在「性冷淡风」还没有风行时就大打极简风尚牌。小院只有五间房，以天、光、云、木、山的自然元素为名，运用大量回收材料打造，满园种植的花草都可以食用，房间没有电话和电视，崇尚安静享受，充满着设计的思考和对自然的追求。

◆ 客栈特色

◆ 白乐桥第一家设计型民宿
◆ 房间里没有电视等电子产品

## 低调的清雅

听闻蜜桃小院已经是很久以前的事了，真正走进这里，却是在一个飘散着桂花香的午后。

"蜜桃"对于杭州文艺设计界具有标志性的意义。相对于"蜜桃咖啡"的有些张扬，设计师在做民宿"蜜桃小院"时，却是低调得仿佛不希望人们知道它的存在一般，甚至于当我找到设计师想进一步了解它时，得到的是"那儿太小"的回应。

没有宣传，没有广告，不借助平台推广，甚至在客栈里没有任何电脑、电视等高科技电子产品。然而当视线离开那些小小的屏幕时，人们才会发现，生活原来可以这么美。

这是一家只有五间房的民宿，分别以 "天" "光" "云" "木" "山" 为名，这恰好是美好生活最重要的元素。因为房间极少，所以可想而知，蜜桃小院给了自己傲娇的理由，坚持与世俗保持距离，更彰显了它略带清高的优雅。

也许是应了"酒香不怕巷子深"吧，蜜桃小院即使再低调，这里依旧常常爆满。

白色木质的蜜桃小院

温暖的午后静坐在雅致的庭院内，惬意安然

蜜桃的设计获过很多奖项

1 | 2　　1. 餐厅的干花都是店长自己做的　　2. 房间里有雅马哈的音响

## 一切源于设计

因为团队成员是设计师出身，所以蜜桃小院最出彩的是设计。

整个客栈的设计充满了灵性。合理的空间利用，着重强调采光和自然景致的引入，室内色彩不多，营造出一种朴素的质感，整个小院无论是总体布局还是房间的装饰都显得素净而淡雅，处处彰显着艺术家的品位。小院旁边设有餐厅和厨房，提供早餐和下午茶点。院子里都是主人种下的植物，琳琅满目的多肉植物是这个朴素空间中最美的点缀。

客人可以坐在大树下，倾听风轻轻吹过，感受生活该有的模样。

## ♥ 客栈资讯

地　　址：杭州市西湖区灵隐支路白乐桥260号
电　　话：0571-87098002
预订方式：网络/电话
价　　格：680~1280元

白乐桥一带有许多设计感很强的民宿，U-House是其中最『有质感』的一家。简洁的线条和明快的黑白灰三色为主的后现代风格，构成了民宿的整体格调，无处不在的细致让人觉得舒服，大『U』型的招牌就像一个笑脸，在欢迎客人到来『U-House』。

◆ 客栈特色

◆ 工业风质感
◆ 设计型民宿

## 从工业风回归本源

U-House，中文"有间房子"，位于白乐桥269号。这里并不好找，即使用了手机导航，依旧找错了地方。然而真正看到门口精致的"U"笑脸招牌的时候，心里便安静下来。

大幅的落地玻璃窗、温暖的木制家具，极简的工业风格，看得出设计师花了不少心血。

迎面而来的女主人就是U-House的创始人之一。当年，她和她的朋友于旅途中萍水相逢，其后又与白乐桥邂逅，灵隐寺旁依山而建的民居，让他们心生对"小桥流水人家"的憧憬，于是他们希望能在喜欢的城市里"有间房子"。

这里提倡"简单旅行，六感体验，回归最本源的自己"。U-House将自己设计的装修布置（视觉）、自己做的香薰（嗅觉）、淘来的原创背景音乐（听觉）、每天精心熬煮的早饭（味觉）、五星级的床品及毛巾拖鞋（触觉）、贴心周到的服务（感觉），统统凝聚于这一家客栈中。U-House的六感，让这一切都散布在每一瞬间每一个细节中，存在却毫不刻意。

白色建筑就是有间房子

水泥木色白墙的后工业风格房间

## 躲在山中为看雪

阳光、草木、流水、回归本源的简约。

U-House只有六个房间，有三间用的是全开放式的卫生间。有些客人会不习惯，但国外或者港台的客人却尤其喜爱。

这里的床垫柔软舒适，给住客以五星级酒店般享受，卫生间里都有复古的搪瓷梳洗杯、无火香薰、洗手液以及小小的绿色盆栽、铺着防滑鹅卵石的淋浴室地板，酒店里的一切设计都那么贴心。

她家的早餐有多好吃早已远近闻名。洒着绵白糖的白粥香甜可口，炒蛋黄嫩鲜美，令人感慨山间草鸡蛋到底不一样，有客人专程为了免费早餐中的炒蛋而多次来此入住。

杭州的冬天特别湿冷，U-House追求的是精益求精。前段时间，他们将公共空间重新做了一次装修，重新铺设了地暖，为了客人能在阴冷的冬日，在温暖的室内躲在山中看雪景。静静聆听着耳边溪水潺潺、鸟语蝉鸣的自然交响乐章，就好像安睡在自然母亲的怀抱里，清澈了心灵，磨平了浮躁。

📍 客栈资讯

地　　址：杭州市西湖景区灵隐支路白乐桥269号

电　　话：0571-85166946

预订方式：网络/电话

房间价格：288~998元

# 朴璞
## ——给旅途一个温暖的家

遇见朴璞，是一个巧合，那是在我特意去寻找另一家民宿略感失望之后的一个转身。它，就安静地出现在身后，默默无声，不带一丝浮华。突然，就有了想要往里走的冲动，感觉这里面会有我期盼已久的际遇。

◆ 客栈特色

◆ 前后日式大庭院
◆ 家庭式的民宿

## 家的味道

往白乐桥村子深处走，无意间看到白墙黑瓦中一间低调的建筑，刻着简单的"朴璞"字样。

这应该是一家新开不久的民宿，之前来过附近几次，都没有看到过它。

沿着朴素的竹篱笆围墙，一直走到深处，可以看到一座日式风格的庭院，这是一家别有意境的民宿。

悄悄走进屋内，没有人，却看到了墙上一幅巨大的水墨雕塑。这是一幅描绘寺庙佛塔边茶人生活的场景墙雕，与世无争恬淡怡然，很符合这家客栈的调子，因为坐落于灵隐寺旁的白乐桥，周边皆是茶园。

正琢磨着这家店的主人该是什么样子，便看到女主人从书架后探出了身子，她热情地招呼我坐下，开始聊她的"新家"。

朴璞是由女主人倩倩和她的父母一起经营打点的。她因为爱人的选择，决定从上海来到杭州生活。因为想换一种生活，所以决定开一家完完全全属于自己的民宿。从去年11月开始找房子，花了大部分积蓄来充实自己的理想，只为做出"家"的感觉。

半开放式的房间是朴璞的特色

复式结构的LOFT

朴璞的庭院设计花费了很多心思

民宿的说法来自英文的"homestay"，其实，"home"才是民宿的精髓。而朴璞，就把这精髓做到了极致。与那些故意摆出高姿态的设计型民宿有所不同，来到这里的人可能会很快忘却客人的身份而顺理成章地将它当成自己的家。

店主一家都是热情温暖的人，没有一点做作和刻意，让人觉得很舒服。一个游历天涯，感受过清高和冷漠，体验过商业化和模式化的服务之后，突然感受到浓浓的热情和贴心，会分外觉得感动和值得珍惜。

"白乐桥好的民宿很多，我不是学设计的，在美学上的造诣比不上那些专业人士。所以，我必须将人性关怀做到更好，让所有来这里的客人，都感受到家的感觉。"倩倩谈到她的客栈，很坦诚地说，"我的父母都是热情的人，他们很喜欢与人打交道，客人的任何问题，他们都愿意帮忙。而且，这里的环境很适合他们养老。"

朴璞主打的是温情牌，平易近人的女主人原本做过多家知名公司的HR，她更看重人与人之间的情感交流，更珍视人际关系中最美好的体验。

这里没有玩什么概念，却永远都要在预期之外做得更好，更加真实地表达自己。

贴心、温暖、柔和、自然、谦逊地沟通，这正是民宿的追求所在。

## 朴素中寻细节

朴璞庭院很大，前院和后院把整幢建筑围合起来，质朴、婉约、幽静，每一个细节，每一处摆设，每一点，都能体现店家的良苦用心。

朴璞的原意为没有细加工的木料，含玉的矿石，喻为不加修饰，天然淳朴。女主人崇尚朴素舒适的生活，她希望的朴璞是真实朴素不夸张，但不乏内涵。因此，她在细节

1. 夜间庭院的灯光幽静浪漫　2. 公共空间一幅茶人茶山的铁艺雕刻吸引眼球
3. 每个房间都有日式茶艺区

上做了很多文章。

朴璞共有九个房间，间间都独具特色，有的是复式结构的LOFT，有的是斜顶天窗的榻榻米，还有充满乐趣的帐篷房。每个房间均以"朴"字开头，与店的名字寓意一样，朴质、自然、清新，又精致天成。

房间门口用毛笔书写的门牌，起初一看觉得字写得一般，细问之下才知道，这字是她那个六岁儿子写的，顿时觉得字是否好看已不重要了，重要的是家的意味，从进门开始就已经包围着我们了。

这里还是为数不多的包早餐的民宿。他们家的早餐都是自己做的。倩倩的老爸绝对是可以排上序位的民宿大厨，厨艺好、人细心，每天换着法子做不同口味的早餐，亲手做的凉面、包子、馒头、馄饨、馅饼、白粥，都受到客人的称赞。

每次客人有任何的意见和建议，女主人总是能够第一时间给予反馈。之前有客人提出房间的百叶窗不会用，她立刻就手写制作了贴心小告示挂在窗户旁，以提醒之后

的客人。

　　不得不说，在朴璞可以感受到女主人360度全方位的贴心照顾。

　　正如朴璞想表达的内心最深处的感受，从繁华的喧嚣回归于质朴。

　　一席茶，一池荷，抱朴守真，给旅人一个温暖的家。

📍 客栈资讯

地　　址：杭州市西湖区灵隐社区白乐桥46号

电　　话：18758254974

预订方式：网络/电话

房间价格：419～1099元

# 餐厅

CANTING

## 素描餐厅
### ——天竺旁的文艺范儿

灵隐天竺路上的餐厅以素菜馆、素面馆为主，大多显得古朴、雅致、大气、厚重，颇有禅意，而附近的位于半山腰的素描餐厅，则给这片肃穆中添入一抹难得的创意文艺范儿。餐厅浓浓的田园复古装修风格在周边自然宁静的绿意里浑然天成，室内陈列着大量书籍和画作，极具怀旧的艺术感，文艺与美食，禅佛与浪漫，所有美好已将『素描』融化于味蕾之中。

◆ 餐厅特色

◆ 半山腰的庭院餐厅
◆ 复古田园混搭风格

### 不争于世

由于性格的原因，我特别喜欢清静的地方。

比如天竺，比如曼殊，比如曼殊隔壁的素描。

素描餐厅属于天竺旁为数不多的文艺范儿餐厅。和曼殊一样，它是一座位于半山腰的独栋建筑。若是不知道素描餐厅的地址，很容易错过它。餐厅与整个绿意丰饶的山林融为一体，不大的招牌隐藏于树丛之中。

循着路牌依山而上，幽静的环境能让心渐渐安静下来。走上几节台阶，就有两道小院门，推门而入就好像进了谁家的客厅。餐厅位于小山坡的中部，走到餐厅，天竺群山就在眼前铺展开来，一览无余。不远处的法镜寺，一派与世无争。

素描餐厅依照原本的地势形态，分成室内室外两部分。室外的部分望山而坐，被自然隔断。用老木头做的玻璃落地窗隔出了阳光房的感觉，木桌上铺着民族风桌布，条凳上随意摆着一些原色蒲团，藤编椅上放着绣花靠垫，充满了自然田园的艺术风味。

自然风格的室内设计与大环境十分协调

1 | 2 | 3     1. 书籍堆放的柱子是餐厅的特色之一     2. 餐厅的怀旧奖状墙
             3. 独立的阳光房意境空灵

     室内的设计同样令人眼前一亮，散发着浓浓的田园复古风。自然的气息和文艺的内饰，撑起了餐厅的灵魂，配合"素描"这个极具艺术感的名字。店里各种绘画的工具随意摆放，还有很多书籍和画作，即使你不爱好阅读和绘画，也能感受到自然的书香气息。老相框、老奖状、热水瓶、竹筐构成了我们曾经的记忆，桌布上有做旧的破洞，茶具也是搪瓷做旧的。看着那些怡人的旧物，思绪或许已被牵进了回忆里。

## 文艺青年的"乌托邦"

     生命中，总有些地方，没有人山人海，没有沿街叫卖，没有浮躁喧哗，只有如出水芙蓉般的"素颜"。

     当年，一群以设计为业的"70后"文艺青年，机缘巧合下，找到了一处貌不惊人的农民房。于是，他们一头扎进了这家两百来平方米的小馆子，专心把这里改造成了自己和朋友们心灵的田园，建立了属于自己的"乌托邦"。

     在这里，禅音、美食与浪漫，一个都不缺。

     "榴梿烤鸡"是他家的特色菜，很多吃货都会慕名而来。整只鸡，胸腔内塞上榴

榔肉，鸡肉烤得香嫩，榴梿味浓郁。对于爱吃榴梿的朋友，这是必点菜，千万不要错过。

"牛肉粒"也是一道推荐菜，大粒的牛肉粒，外焦里嫩，看起来火红火红，吃起来微微的麻辣香，其实花椒的麻大于红椒的辣，好吃到停不下来。

"焦糖布丁"是女生很爱的甜品，虽然分量不大，但是顺滑香甜，口感很好，喜欢甜品的一定要点一份。

对于这样的餐厅，我是有偏爱的。任何天气、任何景色，在这里都变得美好。

## 📍 餐厅资讯

地　　址：杭州市西湖区梅灵北路269号

电　　话：0571-88302722

人均消费：90元

特色推荐：榴梿烤鸡、牛肉粒、焦糖布丁

# 里鸡笼山
## 最具诗意的茶人生活

里鸡笼山，一个有些杭州人也不怎么熟悉的地名。这是一个气质清幽、与世无争的小山村，位于双峰插云和龙井问茶之间，可谓龙井区域的精华部分。以里鸡笼山为中心，西至雷迪森龙井庄园，东至绿茶餐厅，是笔者认为的龙井路上最具文艺范儿的一段。这里拥有着得天独厚的云山茶海，家家有草，户户有花，茶香满园，鸟语声声，几乎凝蕴了天堂杭州最具诗意的清雅。

每年清明前后，谷雨时节，避开人潮汹涌的龙井村、梅家坞，到里鸡笼山寻幽访茶，是一种绝佳的出游体验。

这里风光无限，茶园层叠，游客可以到中国茶叶博物馆喝一杯口感纯正的西湖龙井，在青山绿水中慢慢了解中国的茶文化；可以随便找一户茶农家歇脚，茶农会拿出刚炒好的新茶来招待客人；可以找家特色餐厅品尝创意的杭帮菜，龙井附近隐藏着很多价廉又小清新的创意餐厅，"绿茶餐厅""青桃餐厅""汝拉小镇""旅马餐厅"……都会给你带来意想不到的惊喜。

晚上，你可以选择在"鹿柴客栈"的书香中入眠，也可以去"私享家山居"体验花香中隐居的生活。无论哪种方式，只要把心放下来，慢下来，都会是很美妙的享受。

在这里，若只是来去匆匆、无暇驻足，是无法好好品味慢生活中的怡淡和安逸的，只有像当地人一样放缓脚步，才会发现感悟生活便是旅程中最大的收获。

## 中国茶叶博物馆
### ——人在草木间

杭州人喜欢以茶会友，龙井绿茶更是声名远播，从南宋至今，杭州的茶文化的发展，始终位于中国茶文化发展前端。而最能全面了解杭州乃至中国茶文化的地方，就是位于杭州龙井路的『中国茶叶博物馆』。

◆ 景点特色

- ◆ 没有围墙的博物馆
- ◆ 茶文化的洗礼
- ◆ 有茶艺师培训

### 没有围墙的博物馆

沿着龙井路一直往前，就到了峰峦叠翠的双峰村，这里背靠吉庆山，面对五老峰，坐落着一座远离城市喧嚣的博物馆——中国茶叶博物馆。

与大部分人脑海中博物馆的庄重严肃不同，这座博物馆就像一个大公园，周边没有设置围栏或围墙，将周边漫山遍野的茶园和白墙黑瓦江南茶农的民居小楼都借景进来，自然和人文极好地融为一体，多了几分和谐与亲近。

从龙井路上看到一块写着"中国茶叶博物馆"的大石块开始，就进到博物馆的地盘，沿着主路进入，左边就是连绵茶山，有茶农辛勤劳作，再向前是一泓一池水景，便到了博物馆的正厅。入口，一块巨大的石碑矗立眼前，碑上一个大大的"茶"字，流水瀑布沿石碑而下，似乎启示着人们茶的世界即将对您开启。

博物馆的展厅分为茶史、茶萃、茶事、茶具、茶俗、茶缘等六大相对独立而又相互

水景和建筑的完美结合

联系的展示空间，用专业且有趣的方式，从不同的角度对茶文化进行诠释。相信参观完整个展厅，每一个游客都能对中国的茶文化有不少的了解。在这里经常能够看到国外背包客，他们会很仔细地聆听、参观，通过对中国茶文化的了解来了解中国。

## 人在草木间

水为茶之母。

展厅之后的区域更像一座静立在水上的大公园。一条横贯博物馆、颇具茶韵的溪流，将整个博物馆的各个建筑有机地穿插在一起，形成主景观轴，成为博物馆的灵魂所在。

公园主路以石材铺就，镶嵌了100个不同字体的"茶"或"荼"的别称，称为百字茶道，沿着指示牌还能找到一组在水系中串联的开放式茶室。来这里喝茶，绝对是身心的最佳享受。这组临水而建的特色茶楼，由五座大小不一的茅屋组成，造型雅致、景致绝佳、意境深远。一涧清泉由上游依着茅草屋潺潺流淌，泉声叮咚，磐石错落，岸边各色鲜花次第开放，品一口香茶，倾听悠扬的古乐，心旷神怡。

无论是阳光灿烂的午后，抑或烟雨朦胧的清晨，来到茶博，脱离城市的喧嚣，行走

茶博处处透露着宁静

中式古典与自然生态的美妙结合

在草木间，满山茶树、绿意盎然的景致入眼，这绝对不只是一次茶文化的熏陶，更是一场心灵的洗礼。

春天里，如果运气好，还能碰上春茶雅集，或能在茶叶博物馆里蹭一堂茶文化课。我与茶博的渊源，就始于十年前的春天和好友的无心探访，于是便在这里学习茶艺。学茶的光阴，幸福得仿佛不在人间。每天，都能与茶来一场心灵的约会，西湖龙井特有的甘甜清香，在整个房间里弥漫开来。窗外是满眼新绿的开阔茶园，室内是翻滚沸腾的清香茶水。在这里，人们学茶的目的并不是为了考一张国家茶艺师的证书，也未必是想从事茶艺工作，更多的，人们只是为了修身养性，去真正地了解和融入中国传统的茶文化。

## 📍 景点资讯

地　　址：杭州市西湖区龙井路88号

门　　票：免费

开放时间：5月1日至10月7日9:00—17:00，10月8日至次年4月30日8:30—16:30（每周一为闭馆日，节假日照常开放）

交通信息：乘27路、27路定时班、87路等公交车在双峰站下车可达

周边景点：杨公堤、双峰插云、龙井问茶、灵隐禅寺、满陇桂雨、花港观鱼、杭州植物园等。

# 客栈
KEZHAN

## 鹿柴客栈
——当图书馆遇见客栈

「空山不见人，但闻人语响。返景入深林，复照青苔上。」

唐代诗人王维的一首《鹿柴》，描写了一座人迹罕至的空山，一片古木参天的树林，仿佛创造了一个空寂幽深的世界。

杭州的鹿柴客栈，正如诗中描述一般，深藏于幽静的里鸡笼山，静待游者探寻。

◆ 客栈特色

◆ 文学气息浓厚
◆ 拥有先进的智能家居
◆ 山水茶海中体验采茶炒茶品茶之趣

## 茶人初体验

里鸡笼山空气清新，环境清幽，深藏于龙井的中心地带，闹中取静，秉承了江南文化的含蓄低调。鹿柴客栈，就在这座被上天恩泽的山水茶海中，悠然自处，静谧平和。

因为这里绝佳的地理环境，客栈老板特意找了一块私人的茶园，供有兴趣的客人体验采摘、炒制、冲泡，享受难得的"茶人生活"。忙碌一天，只为喝一杯"专属"于自己的绿茶，绝对是一种低调而又奢华的人生体验。

即使你没有兴趣自己炒一杯绿茶，这里清新的空气也绝对适合度假休闲、润心洗肺。

天色渐晚，山村渐渐沉寂下来，住在这里的客人，也入乡随俗，早早地在秀美的风景中入眠，而清晨在鸟声中醒来。

文艺范儿十足的接待区和楼梯

充满书香气息的公区书房

鹿柴客栈每个房间都有自己数字开头的主题书籍

## 君子以文会友

鹿柴客栈一共六个房间，数量不多，风格素雅，内敛且低调。

老板是酷爱文学的人，喜欢书法、阅读、中国古典文化，一直想做一个开放式的公共图书馆，但是单纯的图书馆不易维持，便想到将文学和客栈相结合的方式。

鹿柴客栈处处透露着书香气息，门里用心文艺，窗外繁花似锦。客栈一楼是一个小型图书馆，二楼、三楼是客房。这里的每个房间分别以不同书的主题来命名，如"一封信""两万里""三生石""四签名""伍尔芙""六便士"，而且每间房内都摆着与此相呼应的图书。倚坐床头，随手拿起一本喜欢的书，在柔和的灯光下，细细品读别人的人生，做自己的感悟，即便最终枕着书入眠，那梦境也会是美好的。

当然，除了这六个房间外，老板还特意在阁楼上设置了两间"半生缘"阅读房，一左一右对称的两间小屋，一是留给看书看累了的客人休息，二是期待客人能在这里发生"向左走，向右走"的美妙故事。读书的人掩卷而坐，还可在花香雨露鸟鸣中享受一派和谐的自然之趣。

## 当诗意庭院遇上智能家居

在鹿柴客栈，你会惊喜地发现，这家只有六个房间的小型客栈竟然有着完善的智能家居设施，中央空调、电动窗帘、视频点播系统……这几乎是高档酒店才有的设施，尽

鹿柴客栈的家庭房

显品质和人性化。

　　原来，这家客栈的老板是做智能家居的，现在客栈刚开不久，很多智能设施才只是雏形，不久的将来，他会在整个客栈加入前端的智能家居系统，客人从网络订房开始，到入店登记、入住，直至退房，全部都能用手机App完成，连前台接待都可以舍去了，只要一台智能手机，就可以完成一整套入住程序。空气温润的早晨，在鹿柴客栈的书卷气息中醒来，不必起身下床，用智能遥控就可以拉开棉质窗帘，在窗外的阳光和晨雾中开始美好的一天。

　　从这里出发，去周边的景点都很方便，最好的方式就是租辆自行车，骑行龙井路，去访灵隐，去游西湖。

📍 客栈资讯

地　　址：杭州市西湖区双峰村里鸡笼山58号

电　　话：0571-85065090

预订方式：网络/电话

房间价格：120～480元

# 私享家山居客栈
## ——在花香中隐居

私享家山居客栈坐落在远离尘嚣的里鸡笼山，是一座花园式独栋别墅。探访这座私家小院，会被它清幽雅致的环境和宁静美好的格调吸引，不禁生发散发弄扁舟，且隐逸，且安然的出世之感。

◆ 客栈特色

◆ 融合古今中西风格
◆ 繁华中隐藏的幽静

## 山与茶的邂逅

在里鸡笼山，一幢独栋别墅带小院的花园式建筑，静静地伫立于其中——这就是"私享家山居"。

所谓山居，必然要有开门见山的景致，满山茶园，傍山而居。在这里，你可以放松身心，享受直入心肺的清新空气，感受自然！

因为是藏于山谷中的民宿，所以私享家山居并不好找，但进去后，会发现一个很漂亮的花园，铺设着防腐木，种满了鲜花。几组田园风的休闲座椅随意摆放在花园中，小院还通往后山的茶园和山林。这里的每个房间均有大面积的玻璃窗，可欣赏全幅山景，茶园、竹林、远山、民居，相映成趣。山居有三个大套房和两间大床房，整体装修，融合了美式、法式、中式古典等风格。私享家山居，就是在这个群山环绕、绿树成荫的山谷里，拥有着自己的一席之地。

夜晚入住，清晨伴随阳光而来的是大自然给予你的馈赠：一片生机勃勃的翠绿，眼前大片的茶园、绿树、山林……此时的你会暗自窃喜，原来昨夜我就在这样一个美好的环境中入眠的。

女主人自己打理的庭院

从客房的品茶区可以望见山后茶园

法式风格的山居房

客栈早上会提供中、西式早餐，由女主人亲自下厨制作。客人可以坐在榻榻米的蒲团上静静地享用，也可去一楼的阳光房餐区与大家共享早餐时光。女主人还会冲泡一杯清香翠绿的狮峰龙井，摘几朵院子里的金银花，送给客人去火。接下来的一天，可以坐在庭院的阳伞下，动观流水静观山，也可以到村子里走走看看，安然享受慢下来的生活。如果想去景区，最好的方式是租辆自行车来骑，随意穿行，遍览茶山风光。

## 从都市白领到客栈女主人

说起当初选择在这个地方开民宿，女主人小C说在自己还是都市白领时，就萌发了这个愿望，那时候她每天上班都会经过这里。她爱这片村子的清静幽雅，爱这里的原始淳朴。看着它一年四季风景变幻，各有韵味而非常向往。她本人也十分喜欢旅行，当年去丽江旅游时，就爱上了这样的生活方式，想着回到家乡之后也要开一间有格调的民宿。于是，她放弃了快节奏的都市工作，让自己慢下来，安心做起幸福的山间女主人，从一个什么都不会的女孩子，变成了一个全方位的能手。

小C是一个很懂得生活的女子，独自经营起这家温馨精致的客栈，客栈的每一处布置都可以看出她的用心。每个来到这里的客人，都会受到她的影响，完全把自己融入这里，慢慢地享受这里的生活，时光就这样逐渐凝固，然后融化……

**⚲ 客栈资讯**

地　　址：杭州市西湖区双峰村里鸡笼山路41-1号
电　　话：13675883275
预订方式：网络/电话
房间价格：400～700元

## 绿茶餐厅
### ——寻找那一座绿色孤岛

杭州餐饮界有很多传奇，而「绿茶」，必然是传奇中最具代表性的一抹文艺范儿。现如今绿茶在全国已有许多家分店，而位于龙井的这家「绿茶」颇能阐释它的神韵。那种质朴而不失灵动，大气而不缺柔美，闲适安然的环境，着实符合江南「水光潋滟晴方好，山色空蒙雨亦奇」的独特意蕴。

◆ 餐厅特色

◆ 一池碧波上的阳光木屋
◆ 创意杭帮江南菜

### 世外的岛屿

那是一个秋日的傍晚，穿过绿意葱茏的龙井路，突然就看到了建在湖中央的绿色小岛，岛上木质的原生态玻璃阳光房仿佛浮在水面，就像一只栖息的船，建筑上"绿茶"两个字倒映在碧波上，光辉灿烂。

绿茶的入口本不好找，但因为时时都聚集着很多等着用餐的游客，所以就变得尤为显眼。沿着碎石板路往里走，穿过一扇布置得极为精致的竹质拱门，跨越一座石拱桥，便走进了这座纯木质的水上建筑。

绿茶最好的位置就是木质长廊靠窗的桌椅，推开木框玻璃窗，远山近水尽收眼底，秋风习习，辉波荡漾，芦苇在轻风中微微起伏，空气好得仿佛洗过一般，柔软中飘散着浪漫的气息。享用美食的同时，也尽享美丽的湖光山色，突然会生发出偷得浮生半日闲的自在之感。

绿茶餐厅的设计依势借形，尽量保证自然的原汁原味，既质朴环保，又别有情趣。

建在水域上的木质餐厅仿佛船坞一般

餐厅有一段路在地板下面砌了一个池子，引来西湖的活水，用来养做菜的鲜鱼，都是用西湖引来的水。一棵老树丫从房顶蹿出，是装修时为了不破坏原生态的环境而保留的。后建的玻璃屋顶爬满了蔓藤，一个生态而又自然的餐厅就这样在人们心中扎下了根。

　　自此之后，连我这样超爱新鲜感、普通餐厅绝不去第二次的饕餮客，也变成了绿茶餐厅的"粉丝"。以至于每每有朋友从外地来杭，我总会不遗余力地推荐这家餐厅。

　　虽说在龙井店之后，杭州的不同区域开了很多家绿茶餐厅，而且有些店的室内装修设计更胜一筹，但在我看来，龙井店仍然无可替代。

## 无法拒绝的"诱惑"

　　为了吃顿饭排三个小时队，对于大多数人来说绝对是一件不可思议的事，但是在绿茶，却多年持续着这样的火爆。要让这么多人排队等位的餐厅，必然是有绝招的。绿茶餐厅不仅注重环境设计，菜品口味也是极佳的。

　　绿茶餐厅店内的布局体现的是小桥流水的江南风，菜系也自然是以创意杭帮菜为主。它满足了当代年轻人的文艺情结及口味，将菜色做得精致，在视觉感官上就直接俘获了人心。菜品的味道更是令人称道，一端上来就让挑剔的"美食家们"忍耐不住了。

　　老顾客都知道，来绿茶，必点的菜绝对是"诱惑"系列。

绿茶的设计巧妙地借用了自然环境

1. 餐厅的干花造型　　2. 绿茶烤鱼是他家的招牌菜
3. 菠萝油条虾　　4. 绿茶饼的清香可口很符合绿茶的气质

　　绿茶第一主打的"面包诱惑"，已经成为不少餐厅争相效仿的创意菜。方形的麦香面包被切割成块，最上面摆上香草味极浓的冰激凌球，插起一块松软香脆的面包蘸着香浓的冰激凌放入口中，那股温热冰灵的感觉仿佛味蕾都快乐起来。千万别浪费了最外面那层烤得香脆的面包皮，这也是"面包诱惑"的精华所在。此外，"鱼头诱惑"和"牛肉诱惑"也是绿茶必点菜之一。

　　这里点菜、茶水都是自助的，让人觉得舒适随意、放松自在。

　　不过，现在的绿茶相比早前有些差距，由于时间一久，水上湿度较大，建筑的木质装修受到了侵蚀，室内环境少了些最初的味道，稍显古旧。加上绿茶声名在外，来的客人越来越多，用餐环境显得有些嘈杂。但总的来说，在这样优越的自然环境中用餐，还是能够弥补一些外在的遗憾。

　　我建议避开用餐高峰时段来此。


📍 餐厅资讯

地　　址：杭州市西湖区龙井路83号

电　　话：0571-87888022

人均消费：65元

特色推荐：面包诱惑、鱼头诱惑、牛肉诱惑、绿茶烤肉

汝拉小镇
——舌尖上的小清新

隐匿于里鸡笼山的汝拉小镇是一间文艺范儿与自然系兼具的餐厅，这里有舒缓的沙发音乐，有法国汝拉经典的黄葡萄酒，有一个别致浪漫的小院，还有阳光满满的玻璃房。汝拉小镇将法国乡村元素融到一起，在这里可以感受浓浓的田园风情。

◆ 餐厅特色

◆ 田园式创意中餐厅
◆ 浓郁的法国情调

## 小镇私喃

汝拉（Jura）其实是一个法国小镇的名字，那是一个只有九户人家的小镇，幽静而美丽。杭州的这家汝拉小镇餐厅，也充满了异国情调，处处透出欧式闲适自在的风格。一幢童话里的小木屋隐匿在青山绿水间，外墙被藤蔓植物覆盖，室内很有复古艺术感，摆放着古老的装饰物，墙壁上贴满了各种照片，从入口到大厅，一切都很随意、浪漫。往外看去，窗外是连绵的绿野茶园，像极了迷人的汝拉山谷。

餐厅是原木结构的设计，自然的生态给这里一种原始部落的感觉，一切都不刻意，源于自然，而优于自然。开放式的露天庭院设计，令人陶醉的怀旧音乐，搭配上原始的装修环境，使简单的一餐升华为一种意境。

## 茶语食香

这里主打东南亚地区的风味美食，菜肴美味，价格又实惠，令不少食客流连。
汝拉的菜品做得很精致，烤羊排熟嫩恰到好处，烤猪手油香四溢，酥绵又略带一点

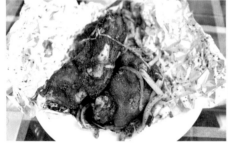

1. 窗外的绿色植物就像一幅天然画卷　　2. 汝拉小镇的招牌猪肘　　3.椒麻鸡口味不错

脆。李时珍小炒是一道非常清爽的蔬菜杂烩，食材都是绿色养生果蔬。而最值得餐厅骄傲的一道菜就是米椒鱼头，鱼肉的香味仿佛有穿透力般直钻入鼻内，无论你吃的是鱼的哪个部位，都是一样入味，入口更是有种豆腐的柔软感，不用担心鱼刺卡喉，可尽情大口品味这非同一般的烹饪技艺。

在这时，你可以坐在茶园旁的木椅上，喝着冰橘茶，看着茶山连绵，享受舌尖上的美味，感受着独有的古朴而悠然的意境。合上眼，仿佛此刻美梦无边。

📍 餐厅资讯

地　　址：杭州市西湖区双峰村里鸡笼山68-4号

电　　话：0571-87979012

人均消费：70元

特色推荐：烤羊排、李时珍小炒、米椒鱼头

# 青桃餐厅
## ——庭院里听雨声

再探青桃，是在清明后的一场新雨还未停歇时。穿过吉庆山隧道，青桃低调而淡雅地出现在眼前，突然想起苏轼在杭州任知府期间，在某个清明节过后拜访了一户人家，然后挥毫写下的那首《虞美人·深深庭院清明过》，而新雨过后的青桃餐厅，恐怕比苏轼词中的那户庭院更有韵味。

◆ 餐厅特色

◆ 创意餐厅
◆ 户外庭院和玻璃房相映成趣

### 庭院花前酒，明月照君舞

去了很多次，都不知道哪个门才是青桃的正门。靠近吉庆山隧道竹栅栏上有一个曲径通幽的小门，挂着"青桃"的LOGO和灯箱，这应该就是大门。但是餐厅的另一端，还有一处更大的入口，婚庆一般都以那扇门为接待主入口。

青桃的入口不大，走到里面，却别有洞天。

这是由一个地道的农家院改造的餐厅，经过曲折的石板路，来到一个绿树成荫的大院子，就能看到几栋自然纯粹的木质玻璃房连接在一起。庭院里的桌椅就这样高高低低、错落有致地摆放着。飘着淡淡桂花香的日子，在这里喝茶吃饭都很有味道。

青桃的色调很简单，基本是白色和原木色，外加一些绿植盆栽，显得绿意盎然。装饰物多为现成的物件，摆在一片绿意中显得自然纯粹。

### 只做时鲜菜

这里不仅环境优美，而且菜品也新鲜。青桃最大的特色是对食材新鲜度的追求，

吉庆山隧道口的青桃餐厅正门

绿色自然的青桃餐厅

玻璃阳光房成为青桃的视觉重点

这里所有的蔬菜绝对新鲜、健康，什么季节吃什么菜，用最新鲜的食材做出最健康的食物。这里所有的菜都不放味精，炒菜用的油也都是健康的菜籽油，符合餐厅健康绿色的理念。

因为执着于对食材新鲜度和绿色有机的追求，青桃甚至建了一个自己的农场，常见的蔬菜都有种植，店里吃的大部分食材都来自自己的农场，保证原料的健康。而其他食材也同样绿色健康，诸如天目山清凉峰放养的黄牛、山羊，富阳的石磨豆腐，临安昌化的草猪肉和千岛湖的有机胖头鱼。

用最健康绿色的方式纯粹地享受美食，才是青桃最想带给所有人的生活方式。

## 📍 餐厅资讯

地　　址：杭州市西湖区双峰新村139号（近吉庆山隧道岔口）

电　　话：0571-87997997

人　　均：90元

**特色推荐**：土豆泥、酸菜鱼、油焖笋

# 运河沿线
## 只为那悠悠水墨江南

江南美，水墨悠悠，经历千年的京杭大运河周边的条条古街，似树叶的筋脉，交错纵横，描摹着城区的形状，又像一支支灵巧的笔，绘制着城北最美的风景线。

如今，运河旁的大兜路、小河路、霞湾巷、小河直街等历史街区和理想·丝联166、LOFT49创意产业园区已连成整片杭州最密集的文创区域，成为设计师和文青的聚集地。

文化感极强的大兜路历史街区常常会让人有种穿越回民国的感觉，"刽瓷视界""霞影琴馆""富义仓""国学馆"都是国学文化的传播者，等待着与它志同道合的人，品味那被遗忘的时光。

号称杭州最美街区的小河直街，有着小桥、流水、人家，流溢在水墨江南里，看不明虚实，分不清究竟，这里表现了清末、民国初年运河沿线下层人民的生活环境，云南风格的"云水谣餐厅"、丽江风情的"柔软时光咖啡馆"都静静地开在运河两边。

理想·丝联166是由老厂房改造的创意工业园，不论是简单的墙面处理，还是错落有致的装饰，都带着浓浓的LOFT风格，行走在其中，能感受到浓浓的悠闲时光和艺术氛围。整个园区里有许多艺术工作室和创意餐饮，蜜桃咖啡、旅马餐厅都是其中非常火爆的店铺。

当然，你也可以走近运河，走进院子餐厅，在杭州感受一回小时候的味道；也可以漫步拱宸桥两岸，远离都市的尘嚣与浮躁，任阳光在肌肤上静然流淌。

江南水乡就像一幅朦胧的水墨画，朴实恬静。周遭世事沧桑变迁，只有千年未改的痴情轮回依旧……

# 景点
## JINGDIAN

京杭大运河
——穿越千年兴衰

烟雨的楼台、幽深的宅院、灰白的砖瓦、古老的驳船，组成了大运河畔一幅幅缤纷而生动的水墨画卷。

举世闻名的京杭大运河造就了无数华夏民族的灿烂文化，沿途一座座历史文化名城通过这流动的文化串联起来。

杭州，便是这些历史文化名城的起点。

大运河总能带给人不一样的感受，然而，我依旧认为晴运河不如雨运河，雨运河不如雪运河。

虽说无论晴天、雨天，还是雪天，大运河不如雪运河。

◆ 景点特色

◆ 世界上最长的人工运河
◆ 可乘水上巴士游览

古往今来

一方水土养一方人。

杭州的发展总是与水连在一起的，无论是举世闻名的西湖、西溪、钱江，还是古往今来的第一交通要道——京杭大运河，杭州总是离不开水的恩泽。

西湖的秀气、西溪的柔美、钱江的澎湃、运河的古老，推动了中南西北城的发展。如今的大运河，经过整治，已经成功申遗，成为"世界文化遗产"，带动了整个运河周边的发展，也将整个杭州城北区推到另一个高度。

京杭大运河是历史留给杭州的一笔宝贵财富，从隋炀帝开始开凿，开通后就像是一条商业的生命线，令杭州慢慢从一个山中小县成为商业大都市。现在的古运河，依旧保留了两岸人古老而市井的生活，政府将运河周边规划成几个历史街区，让它们重新焕发光彩。步行其中，仿佛回到民国时期甚至更久远的年代。

京杭大运河显现着江南水乡的柔美

## 乘船游运河

　　游览运河最好的方式，非坐船莫数。从古至今，船都是大运河上最主要的交通工具，运货、载人都离不开船。如今的运河，依旧还有货运船和日常的水上巴士，当然，也有为游客提供的游船。最值得推荐的是水上巴士，从武林广场出发，船票仅三元，可以领略沿途运河风光，坐到不同的下船点，然后上岸游览周边的历史古街、博物馆、美食街和香积寺。这里有大兜路、小河直街、丽水路、登云路等不同风格的历史古街，漫步在青石小路上，杭州的人文特色无不给人们带来寻求已久的安宁和韵味。周边还有四座博物馆：京杭大运河博物馆、刀箭剑博物馆、伞博物馆和扇博物馆。水边寓意深刻的雕塑，模拟了当时人们的生活，重现了一派水乡小品。

　　现在的运河边，古朴唯美，成为一个典型的微缩江南水乡。运河边缘，拱宸桥头，一排排的古建筑在午后显得尤为静谧。传统手工作坊、餐厅、茶馆，安静地讲述着古运河的故事，历史仿佛在这里停滞。

　　试想一个大雪纷飞的午后，在武林门码头坐上木质的游船，随着汽笛声在千年古运河上摇晃，坐看运河两岸风光，回望千年，实在是一次非常美妙的体验。

　　另外，夜游运河也是一个不错的选择，从武林门到拱宸桥后再返回，这样可以欣赏

古老的京杭大运河如今依然承载着货物运送的功能

**卖鱼桥雕塑**

到由世界顶尖灯光大师罗杰·纳博尼设计的"运河之光"——用灯光描绘出的一幅具有江南风韵的水墨丹青。

悠悠运河，默默流淌了千年，一直用自己的承载，见证着时代的变迁、文化的传承，发扬着属于自己的中华文脉。

📍 景点资讯

交　　通：运河水上巴士票价3元，根据不同巴士的时间各不相同，武林门发船点
　　　　　　6:20—18:00，冬天、夏天也不相同，出发前请提前了解相应信息。

门　　票：无

# 理想·丝联166
## ——老厂房改造的创意工业园

如果你以为杭州只有西湖、西溪、九溪、龙井这些景区自然风光独特，那就大错特错了。杭州还有着很深的艺术文化底蕴，由老厂房、老园区改造而成的文化创意园近年来如雨后春笋般一个个建造出来，理想·丝联166就是其中之一。

◆ 景点特色

◆ 老工厂改造的创意园
◆ 文艺复古风格

## 创意的前身是工厂

随着文化创意产业的兴起，全国各地都发展出很多文化创意园区，北京有798，上海有田子坊，武汉有昙华林，广州有红专厂。而杭州，因为有了中国美术学院的影响，更增添了浓厚的艺术气息，从早期的LOFT49到后来的理想·丝联166，都成为文艺青年趋之若鹜的地方。

杭州理想·丝联166位于丽水路166号，城北运河之畔，被称为杭州的"798"，虽不及西湖出名，但因其独特，吸引了一大批慕名而来的游客。

理想·丝联166的名字，源于它的历史。其前身是杭州的丝绸印染联合厂，在20世纪50年代由苏联专家设计、德国人监工建立。随着时代的变迁，工厂已慢慢荒废，厂房被闲置。2000年之后，工业设计风慢慢席卷国内，从北京798开始，各地都渐渐发展起由老厂房改造的创意园区，理想·丝联166就是在这样的大环境下发展起来。一些对艺术有想法和追求的年轻人，用自己的创意把老旧的厂房重新设计改造。因为是老工厂格局，层高很高，开间也特别大，创意者完全可以按照自己的需求，随意分割空间，进行个性化装修。园区里还有很多遗留下来的老机器和设备，如保留完好的鼓风机、纺织

丝联166的旅马餐厅是杭州为数不多的全五星餐厅

机等，创意人士纷纷借助这些老机器做出怀旧复古的风格，将工业风结合现代时尚的特点，做出创意的空间。

## 后工业文艺复古风

热爱艺术的人，必定热爱生活。现在的丝联，是杭城文艺爱好者聚集地之一，每一个转角，都可能会遇见与你气息相投的店铺。

在这里，你能感受到思想和现实的火花、创意和生活的碰撞，它是近代与现代完美契合、工业与艺术改革创新的产物。这里拥有典型的LOFT后工业时代风格，在文艺复古风刮遍杭城大街小巷之时，这里早已蓄势待发。

要说在理想·丝联166最初火起来的店铺，非"蜜桃"莫属。这是由八位首批进驻

1 | 2　　1. 这里有很多独立设计师店铺　　2. 几乎每家店铺都有自己独特的风格

创意园的艺术工作者合力打造而成的咖啡馆。设计师匠心独具的设计，将老厂房与现代咖啡馆完美地结合起来，既没有放弃20世纪建筑的特色，也没有丧失新时代的文艺气息。而拆下涡轮后留在墙上的巨洞，恰恰别有一番情趣，很多客人后来都会坐在这些涡轮巨洞下创作呢。

蜜桃的一炮而红吸引了更多的文艺青年来这里筑梦。现在创意园外围一圈多为咖啡店、创意餐厅，如驴马、幸福里等，还有一家创意酒店。园区里面多为创意店铺、设计公司，大多是有情怀的文艺青年开的，还有婚纱店、摄影工作室等。这些建筑物的墙体、楼梯、立面都被发挥了无限想象，用绿植、喷漆、涂鸦、绘画、雕塑装点，很受文艺青年的欢迎。

不过，周末去的时候，很多店铺和工作室都是关门的，所以去创意园最好的时间是工作日。

📍 景点资讯

地　　址：杭州市拱墅区丽水路166号

# 小河直街
## ——杭州最美历史街区

大运河边的历史街区有很多，最美的莫过于《雨巷》般的小河直街。不宽的街巷，青灰的石板路，以及家家户户门口盛放的鲜花，随时可能遇到身着旗袍的女子，如此一个幸福感极强的地方，不愧为『杭州最美历史街区』。

◆ 景点特色

◆ 最具老杭州风情的历史街区
◆ 恬静清幽的江南水乡风情

原汁原味的转身

如果你觉得西湖已去过多次，西溪又有些拥挤，想体验最具老杭州风情的特色景点，那么，小河直街也许会符合你的要求，那里有特色文艺小店，还有慵懒闲适的生活气息。

自南宋起，小河直街就成为京杭大运河边水陆运货物的集散地，到清代慢慢发展成为独立的商业街。现在的小河直街不宽，仅四五米，是民国时期改建的。2007年，政府统一改造了小河直街。改造完毕后，习惯了运河边生活的原小河直街居民有一半以上又迁了回来。因此，现在的小河直街还保留着浓浓的生活气息和传统的民风民俗。街区以小河直街为中心，沿运河、小河分布的民居整体风貌和空间特征基本保存，运河小河与白墙黑瓦的民居构成了一幅和谐的江南水乡风情画。走在街巷中，不时可以听到门楼间传出居民搓麻将和看电视的声音。

当然，除了原住居民，一些有文艺情怀的年轻人也选择在这里创业，不少充满文艺范儿的咖啡馆和创意小店、艺术机构、摄影工作室应运而生。每一家店的门口和窗台上都有好多花草，摆放得很艺术，也成为拍摄写真的好地方。鲜花、黑板、复古铁艺架，

方增吕酱园

如今的小河直街已经变成鲜花的海洋

很多女孩会着旗袍来此拍照

将整条街巷打点得时尚、文艺、美好。

## 时光停留的地方

走在小河直街上，黑瓦白墙的小巷很容易让人联想到戴望舒的《雨巷》。青灰的石板路、纹络清晰的老船木、家家户户门口盛放的鲜花，会让人期待偶遇到那个丁香花一样的姑娘。

带着浅浅的哀愁，古色古香中透露着恬静清幽。

这里的时光，是可以让人停下来，慢慢品味，细细琢磨的。

小河直街，就像是老杭州的城市缩影，时常有三五成群的老友坐在河边喝茶聊天。你也可以选择一家有情调的餐厅或咖啡馆，听着音乐看着运河上船只过往，感悟人生。

一条街，穿梭在静谧的时光里，没有喧嚣。如果你想看一眼"最后的运河人家"，这里将是最好的选择。运河边宁静的风，轻抚岸上的人，仿佛在向所有人低诉着古老的故事。

## 景点资讯

地　　址：杭州市拱墅区

门　　票：无

大兜路历史文化街区位于古运河东岸霞湾弄到大关桥不过数百米的小区域，却集合着大量文艺范儿十足的店铺：古琴馆、国学院、陶艺吧、油画学堂、传统服饰店……仿佛走进线装古书中的国学世界。除了琴棋书画茶之外，这里还保存着香火旺盛的佛教寺庙一"香积寺"，以及大量清末民初民居建筑，是杭州最具民国风情的历史街区之一。

◆ 景点特色

◆ 具有浓厚的民国风情
◆ 街区内有很多传统国学馆

民国风情街区

杭州的古运河边保留着很多独具风格的历史街区，而大兜路则是"十里银湖墅"的中心，也是最具民国风情的一条街。

大兜路自古以来都是运河边重要的贸易、仓储中心，街巷上商铺林立，热闹繁华。民国时期刊物《杭州通》中曾记载："大兜乃湖墅之一小地名也，亦为拱埠往来城内之要口。"

运河边的历史街区几乎都是白墙、黑瓦和木门，大兜路也不例外。街区不长，约780米，东西进深约150米，北有明清著名运河税关——北新关，南有清代著名粮仓——富义仓，东有明清杭州城外三大寺之首——香积寺，地理位置十分优越。

整条街区不仅整体风貌保存得很好，其文化意蕴也非常浓郁，再加上其间的居民生活，便可称得上是活态的文化遗产。

$\dfrac{1}{2}$　1. 如今的大兜路有了很多餐厅和咖啡馆　　2. 大兜路上的木公堂艺术馆

## 做自己的琴棋书画

　　大兜路的文艺范儿是渗透在骨子里的。

　　在大兜路，你永远不会看到熙熙攘攘的人群，这里的店铺大多都有点"清高"，甚至很多都不对外开放。店主们只是取了大兜路的精华之地，做着自己热爱的国学事业，就像古时那些高雅的文人墨客，总有一些属于自己的小空间。

　　街角的橱窗陈列着中国传统服饰，开襟盘扣的棉麻长衫，复古中带着婉约，店铺大

$\dfrac{1}{2}$　　1. 大兜路在改造中保留了古运河畔的民居　　2. 大兜路有着浓厚的艺术气息

门却是永远紧闭。一幅大大的旗袍女子画像旁，是古色古香的"霞影琴馆"，经常不经意间推开窗，就能看见仿佛诗中描绘的唯美场景，或落叶纷飞，或寒梅待雪。琴馆的创始人是非物质文化遗产浙派古琴的传人徐晓英老师。现在，琴馆基本都是由徐老师的女儿在打理。

琴馆的对面，是"围龙三寻"，一家略带清高却文艺的客家餐厅。"三寻"的意思是寻府邸、寻门径、寻美食，所以这里特意不设大门，只开了"供嘉友信步而入"的侧门。这里的每道菜都可寻出一则典故，而老板的故事则是免费赠送的。

香积寺曾是通过运河进入杭州的第一座寺庙，也是离开杭州的最后一座寺庙

不远处有一家"剑瓷视界"，俨然一座小型传统文化博物馆，可以在这里：听一曲古琴，品一杯香茶，欣赏传统的杭州官窑青瓷、龙泉青瓷、龙泉刀剑，运气好的话，还能碰上定期开办的以香道、茶道、古琴或周易为主题的讲座，小场馆给予人的往往是大收获。

再往里走，可以看到"国学馆"，门口是一面红色的大鼓，传统庄重。国学馆门面不大，但内蕴很深，且课程内容也比较丰富，在这里不仅可以学到传统国学知识，还可以体验陶艺、插花之艺。

此外，大兜路还有江南驿、绿茶餐厅、江南阿二、翠庄等众多餐厅，还有一些格调清雅的茶馆、咖啡馆、创意店铺。如果遇上雨天，在古街朦胧的意境中，找一家喜欢的店铺，绝对是品茗听雨，感受江南风光的好去处。

 景点资讯

地　　址：杭州市拱墅区

门　　票：无

# 富义仓
## ——被遗忘的时光

"富义仓"，始建于清代光绪年间，原是清代的国家战略粮食储备仓库，是京杭大运河上仅存的两大粮仓之一。

现在的富义仓，几经变迁后，已经从物质仓储转为精神仓储，书院、咖啡馆、古院落、参天大树，以及众多文化创意设计公司，组成了现在富义仓所有部分。

◆ 景点特色

◆ 旧时粮仓遗址
◆ 毗邻京杭大运河
◆ 有一家文艺范儿很足的咖啡馆

### 从光华到破败到复兴

杭州的富义仓有着很辉煌的历史，曾与北京的南新仓齐名，并称为"天下粮仓"，是运河边老百姓生活富庶殷实的象征。

因为时代的变迁，岁月更迭，粮仓慢慢被空置，它最基本的实用性慢慢削弱。没有实际意义的粮仓，一度改造为宿舍，又因一场大火而面目全非。再后来，粮仓被一家咖啡馆老板看中，改造成了粮仓咖啡，这里保留了原本很多元素，几乎可以从第一眼就感受到历史痕迹所赋予的魅力，复古且怀旧，成为富义仓的一部分。

这家改造后的粮仓咖啡轰动一时，还曾经入选了"杭州老房子里的复古怀旧咖啡馆"的榜单，低调而内敛的特点让它大受欢迎。当时的粮仓咖啡，斑驳的白墙黑瓦连着古老的院落，秋风习习中，能够嗅到空气中桂花的味道。

因为经营的原因，几年之后，复古风格的粮仓咖啡再次变身，改造成两栋现代化异形玻璃建筑，名字依旧是"粮仓咖啡"，但已不卖简餐和甜品，只有咖啡。咖啡馆把室内和室外连接起来，将古老和时尚完美地融合。现在的粮仓咖啡座位不多，却设计得很

斑驳古老的富义仓遗址

贴心，原木的材质很温馨，很多家具都是手工打造，结构性很强，突显时尚与个性。再去富义仓时，粮仓咖啡馆已经易主。

除了粮仓咖啡，富义仓的其余部分经历了数度沉浮，也同样已经华丽转身，变为杭州小有名气的文化创意根据地。随着杭州文创行业的蓬勃发展，复古怀旧风格的老建筑越来越受到创意人的喜欢，慢慢地，富义仓吸引了很多文化人的关注和进入，变为许多创意设计工作室和各类新媒体的办公空间。

## 写意姿态站成永恒

现在的富义仓，是京杭大运河申请世界文化遗产中的一个申遗点。当人们的目光重新停留在这些仓库上时，我们惊喜地发现，这里宁静得仿佛可以凝望到永恒。时光覆盖在它们身上的层层岁月，变成奇妙而意外的魅力，散发着迷人的光芒。

这里依旧保留着原本的13幢建筑，由三进院落、三排仓房组成。这里大门的门框还是清末时留下来的，至今已有百年历史，字是20世纪60年代写的，全都原汁原味保留下来。大门旁边的玻璃建筑就是"粮仓咖啡"。令人印象最为深刻的，是院落中间那棵高耸入云的古老樟树，写意地立在这里，以永恒的姿态，始终保持着它的骄傲。

现在的粮仓咖啡只有咖啡，没有简餐

　　第二进院落是井然有序的单层木结构房子，周围斑驳的石墙已经掉了大块大块的石灰，露出里面的石砖。如今，很多创意公司就驻扎在这群木结构的房子里。那群对文化、对创意有追求的年轻人或艺术家，正将这里打造成时尚创意园区。

　　而第三进天井则比较随意，摆放着10多张木质的桌椅板凳，富义仓的员工和客户闲暇时在这里晒晒太阳，喝喝咖啡，聊聊天，不少创意的火花就这么产生。

　　顺着院落再往后走，可以发现古朴深幽的"韵合书院"，穿过书院，就是古老的京杭大运河，这里也有一个大门可以进入富义仓。想来，"韵合"，的确和"运河"很配。

　　夕阳下，守候数百年的富义仓在运河边显得极为宁静。它是城市里一张独特的名片，更有着祖辈们说不清道不完的美好记忆。古老和时尚的结合，碰撞出不一样的火花。继续着它的前世今生，成为现代都市生活的"精神粮仓"。

📍 景点资讯

地　　址：杭州市拱墅区霞湾巷8号
门　　票：无

花驿民宿
——有一种情怀叫民国

我已将民国风爱到骨子里了，那时的调、那时的忧、那时的人、那时的故事，对我都有无比的吸引力。民国的文艺情结，一直促使着我在运河边寻找着这样一家店，既拥有着运河的古典，又不失现代的温柔。花驿的出现，是那么自然而然地圆了我的民国梦。

◆ 客栈特色

- ◆ 民国风格民宿
- ◆ 大堂有花香满溢
- ◆ 奶奶祖传的甜酒酿

民国的味道

总是觉得，运河边应该有这样一家店，经过岁月的沉淀，有历史的沧桑，却不失温婉的柔情。它应该既符合运河的气质，又有着自己的故事。所以，当我找到这家店时，感动许久，它就是我梦想中，应该出现在这里的运河人家。

它叫花驿。

花驿坐落在运河畔的大兜路历史文化街区，毗邻香积寺。你可以乘坐运河水上巴士去探访它，穿过绿水繁花，在信义坊下船，沿着蜿蜒的青石板路，就可寻找到这家隐于大兜路的民国风客栈。在花驿的房间便能听到梵音悠扬，拉开窗帘，便是寺庙一隅。

大兜路上唯一的民国风民宿花驿

## 奶奶的故事

温暖的午后，当我寻到这里，花驿民宿的女主人陈敏站在花丛中等我。她拿出一些翻印的老照片，给我讲述了一个如同电视剧般跌宕起伏的真实故事。

陈敏开花驿的初衷其实是想替她的奶奶圆一个多年的梦。

陈敏的奶奶曾是福建的一个富家千金，原本老家就是开客栈的，16岁时在客栈里偶然遇见了一名英姿勃发的国民党军官，两人一见钟情，那名军官就是后来陈敏的爷爷。很快，奶奶如愿地嫁给了爷爷，但是婚后没多久爷爷所在的军队就要开拔了。一直锦衣玉食的奶奶舍弃了锦衣玉食的生活，跟着爷爷离开了家乡福建，随军辗转，颠沛流离。这一走，就是几十年。奶奶从一个娇贵的千金小姐，成了一个拉扯12个孩子的妇人。

然而，年岁越大，奶奶就越会想起年少时的家乡，她的家上面是客栈，下面是酒家，白墙黛瓦，小桥流水，充满着回忆的温度，回不去的家园成了奶奶心中永远的遗憾。于是，陈敏就按照奶奶述说的样子，开了这一家民国风格的客栈。

## 花样的年华

知晓了花驿背后的故事，我终于明白为何花驿能将民国风演绎得这么纯粹。这里的

房间古朴而有质感

每一件家具和摆设都根据奶奶的记忆精心挑选搭配，它们都是有温度的。

一楼大堂功能齐全，不仅有前台、茶室、书吧、餐厅、会议室，陈敏还在大堂里留下一块区域，做成"花驿小铺"，既售卖鲜花，又装饰了空间。

大堂最令人印象深刻的非色彩莫属，大胆的纯饱和度用色，玫瑰红与墨绿的色彩对比比比皆是，墨绿的窗帘、暗红的灯罩、玫红和翠绿的坐垫靠背，与古典青花瓷、油纸伞、仿古柜子融合在一起，仿佛一幅民国画卷，将整个大堂装点得格外浓艳。

花驿的房型很齐全，除了大床房、标准间，还有家庭房、阁楼房、阳光房和复式套房，几乎可以满足所有人的需求。房间里延续了色彩对比强烈的整体风格，玫红色的窗帘、布艺，或墨绿、或大红、或深蓝的柜子，木质雕花大床，古色古香的太师椅，用烟斗做成的挂衣架，古典中不乏质感。

## 用心的温度

花驿除了有故事，有风格，最重要的，是有温度。

花驿在设计上的用心体现在每一个细节。房间里的每一个柜子都不一样，精致得让人舍不得打开；每个房间的茶桌上，都有玫瑰花茶，用精美的茶具盛放，供客人饮用；书桌上配有温馨的台灯，还放着一本《花驿对你说》，里面有中、英、日文的介绍信

花驿大厅还有一个售卖鲜花的区域

息，另外还有两本关于运河的书；木质床头柜上，放着带有女主人陈敏亲笔签名的温馨提醒。

花驿的贴心服务体现在每一个细节中，前台会询问入住时间，然后提前一小时帮客人打开空调，让客人进入房间就有舒适的温度。洗手间里也都配备了暖风机，只为给客人在冬日增添一丝温暖。

每天早晨，花驿都会提供自己独家的甜酒酿给客人品尝。这是陈敏奶奶的家传手艺，当年她就用这一份独家甜酒酿开了一家甜品店，养活了一家人。

花驿是一个有故事、有风格、有温度的民宿，一个值得温柔相待的地方。

花驿民宿，一定会是你期待中的样子。

## 📍 客栈资讯

地　　址：杭州市拱墅区大兜路160号
电　　话：0571-88031577
预订方式：网络/电话
房间价格：380～888元

# 饮品店
## YINPIN DIAN

蜜桃咖啡
——我也是这样的

蜜桃咖啡在杭州文艺咖啡馆中享有盛名。相较于蜜桃咖啡的中文名，我更喜欢它的英文翻译「Metoo Cafe」，意为「我也是这样的」，很有腔调，很有存在感，这是一家强调「自我」的咖啡馆，也绝对属于杭州文艺咖啡馆界的标杆之一。

◆ 饮品店特色

◆ 白色工业风格
◆ 老厂房改造
◆ 艺术气息浓厚

### 蜜桃的味道

在蜜桃之前，杭州老厂房里的文艺范儿似乎还不够成熟，在2008年夏天，八位不同领域的设计师在城北的一家老厂房"理想·丝联166"里打造了这家著名的咖啡馆——蜜桃咖啡。

这座被城市化遗弃多时的老仓库——杭丝联，一夜之间似乎又声名远播了，只因这个极简北欧风格的咖啡馆。蜜桃咖啡的出现，成全了一次化平凡为神奇的尝试。虽然它位于杭州城北一隅，但成为杭城文艺思潮最奇思妙想的温床。

蜜桃的空间布局很有创意，并且选用了全白色的基调，整体风格简约现代，又混合了老工业产业遗留的沧桑，利用原本的破墙、老机器、管道等元素，使整个空间糅合着工业时代的气息。细节上的处理干净利落，清一色白沙发搭配纯木桌椅，加上四处淘来的老家具，一派复古洋气。

白色的玻璃房与室外绿色很衬

　　这里很快成了设计师和文青的聚集地。以喝咖啡之名，记录、储存和温习时间。

## 用咖啡来爱你

　　蜜桃咖啡有饮料单和菜单，也分两个窗口供应。食物出菜口边上的陈列柜相当复古，摆着童年时期风靡的各种玩具，还有老式收音机、珠算盘、琉璃弹珠。

　　店里所有咖啡中，最有名的，当属它的四季咖啡："蜜桃春逝""蜜桃夏逸""蜜桃秋临""蜜桃冬享"，分量不大，可以续杯。喝过四季咖啡，犹如走完杭城的春夏秋冬，体验了不同的味道。其中，点冬享的人最多。找一个冬日的午后，约两三好友，懒洋洋地窝在阳光房里的沙发上，一杯冬享，会让你由衷感叹时光的美好。

　　这里时常会举办一些艺术沙龙，如画展、摄影展、调唱交流会等艺术活动。店里还有一个展台上都是售卖的书籍，老板说，客人可以把书拿来这里，既是展示也可以售卖。

粗犷且细腻的设计风格很受欢迎

造型感很强的卫生间

1｜2　1. 蜜桃咖啡吉祥物——猫咪小桃　2. 蜜桃招牌四季咖啡——冬享

## 猫咪小桃

蜜桃咖啡的味道带着文艺范儿。

但咖啡馆里最具文艺气质的，既不是老板，也不是美丽的店长，而是一只黄白色的明星猫咪——小桃。

这是店长两年前在门口捡的，当时看它是只流浪猫很可怜，就带回咖啡馆养着，取名小桃。

小桃在蜜桃长大，渐渐被客人所熟知。也许是做流浪猫时存留在体内的忧郁因子，它每天总是带着忧郁而又傲娇的表情，45度仰望天空，趴在玻璃窗旁晒着太阳，或是坐在沙发靠背中央眯着眼，无论身边有多少人举着手机拍自己，它总是一副懒洋洋的样子，依然故我，不为外物所动。慢慢地，小桃的"粉丝"越来越多，现在很多来蜜桃的客人，都是为了来看一眼小桃。

如果，你想在一个浪漫的午后，邂逅一场文艺盛宴，蜜桃咖啡是个不错的选择。因为，我就这样做了。

## 📍 饮品店资讯

地　　址：杭州市拱墅区金华南路189号丝联创意园内
电　　话：0571-88019967
人均消费：90元
特色推荐：四季咖啡

# 柔软时光咖啡馆
## ——古运河畔的小丽江

每座城市总有一些低调的咖啡馆存在，它们静静地散落在并不繁华的街巷中，默默等待着那些能够读懂它们的人来。柔软时光咖啡馆，就如同运河这个古典美人手里捧着的一束兰草，别样清新，又独有香甜。

◆ 饮品店特色

◆ 古运河边的丽江风情
◆ 适合独处也可两三好友一起下午茶或桌游

## 丽江古韵

如果你想在千年古运河畔听着流水、船笛和丽江小倩的声音，那坐落在小河直街的柔软时光咖啡馆应该会是你的选择。

推开柔软时光咖啡馆的大门，就能感受到一股浓浓的丽江气息扑面而来。经幡、藏饰、绸伞、彩色棉麻织布、手工靠垫、东巴纸灯等熟悉的丽江元素组成了柔软时光的主基调。幽暗的光线、艳丽的色彩、繁复的装饰，却能让人轻易安静下来。

翻开菜单，"秘密""恋人""玉龙雪山"等与丽江息息相关的名词赫然在目，很轻易地就会把情绪拉回到旅行途中。

我想，老板一定极爱丽江，才会处处在店堂里流露出浓浓的丽江情怀。

## 凝固时光

相较于那些名声在外的咖啡馆，我更喜欢柔软时光咖啡馆的别致清新，与许多同样临近运河的特色店铺比，或许是咖啡馆的特质使然，这里更显安静悠然。

吊顶上的绸纸伞把整个空间氛围烘托得唯美

经幡、布幔、水烟和羊皮灯都充满着浓浓的民族风

招牌"恋人"咖啡

店的一楼是吧台和一些卡座，客人不多。绕着木质台阶上楼，看到楼梯旁的麻质网布上挂着很多老板娘外出旅行时的照片，笑得很甜，想必老板娘也是喜欢旅行之人。但凡热爱旅行的人，必定热爱工作和生活，这家咖啡馆就是绝好的体现。

二楼的空间更大，纱幔和绸伞打造出一个个相对私密的空间，适合发呆与闲聊，看得出设计的用心。选一个靠窗的位置，点一杯飘着淡淡咖啡香的"玉龙雪山"，推开木窗便可以欣赏到古运河美景，静静趴在这里看窗外的世界，度过一段短暂而美好的时光。

在任意一个午后，这里都能将时光凝固。

安然，宁静，没有附加。

阳光温暖，岁月静好。

## 📍 饮品店资讯

地　　址：杭州市拱墅区湖墅北路149-12号

电　　话：0571-88089695

人均消费：60元

特色推荐：玉龙雪山、提拉米苏

## 云水谣餐厅
### ——化百炼钢为绕指柔

如果在小河直街要我只选一家餐厅，那必然是云水谣。在紫藤和丁香争相开放的时节，找一处临水的座位小憩，品尝着独特的云南菜，会恍惚以为自己回到了丽江。

◆ 餐厅特色

◆ 运河边的云南风味餐厅
◆ 古色古香的文艺情调

### 家门口的云南风情

走在小河直街，你一定会被云水谣主题餐厅吸引，浓郁的云南风情使这里显得那么与众不同。

姹紫嫣红的鲜花开满整个露台，细密的竹帘、斑驳的墙壁，让人轻易联想到四季如春的西双版纳。屋内，厚重的木质桌椅、异域的工艺品、多彩的装饰画、古朴的东巴灯和成片的经幡透过半通透的帷幔，若隐若现。清新的墙绘恰到好处地出现在每一个角落。处处都能看出主人的用心。

这是一家云南特色的风味餐厅，主要做杭帮菜和云南菜结合的创意菜，如私房鱼头、丽江腊排骨、版纳烤鱼、云南汽锅系列，透露着浓浓的云南味道。还有一些有趣的菜品，如水果塔塔，是将新鲜的水果用蛋筒包裹着，拿起来就可以吃，外皮脆脆的，里面的水果清甜冰爽；还有用茉莉花代替传统的香葱做的煎蛋，与来自云南的蕨粑与腊肉一起炒制，营养丰富，口感独特；再有鲜花群英汇，用花来做菜，创意十

窗内店员的身影

1. 对着黑板点餐也是云水谣的特色　　2. 墙上的字让人身在此中，心已飘远
3. 室内的软装颜色鲜艳

足；当然，还有颇具特色的私藏——黯然销魂玫瑰失身酒，光听这名字，就觉得霸气得不得了。

## 生活是条流动的河

初闻"云水谣"便觉得很美，也许是受电影《云水谣》那浪漫唯美而又曲折动人的爱情故事影响，我总觉得这里也一定是一个有故事的地方。

上前询问店员，得到的回答却是：老板娘不常来店里，到处旅游去了。然而，没想到，两个月后，我竟然在另一家餐厅，遇到了云水谣的老板娘瑶。

故事就这样有了答案：六年前，老板娘瑶去云南度假，一下便爱上了那里的生活，想留在云南定居。可是，她放不下杭州，毕竟这里有她的家庭、她的小孩以及亲朋好友。于是，她的丈夫就答应，在家乡杭州为她打造一个充满丽江元素的空间。要有阳光、有流水、有鲜花、有竹帘、有棉麻桌布，也要有东巴彩灯、开放空间、异域小调。

最终，他们在小河直街开了这间云南餐厅，过上了闲云野鹤般的日子。在店里处处可以看到他们的回忆。

老板娘在靠河边的廊道柱子上，彩绘了一只来自彩云之南的孔雀，仿佛希望这只孔雀，能把她的云南梦想一并带回。

露台白墙上，写有一段文字："生活如同，流经门前这条河，别无选择的，将我们带去，一无所知，的地方。"

我想，那个地方，或许叫丽江，或许叫别的。

📍 餐厅资讯

地　　址：杭州市拱墅区小河直街东河下17-23号
电　　话：0571-88949407
人均消费：80元
特色推荐：私房鱼头、水果塔塔、火焰牛肉

# 吴山
## 老底子与文艺风

如果说杭州哪里还保存着老底子的钱塘生活，吴山绝对当仁不让。吴山上每天都有来自四面八方的老杭州人，操着一口地道的杭州话，来这里锻炼、喝茶、聊天，谈笑风生……无论城市怎样变化，他们总是一如既往地过着属于自己的日子，不急不躁，淡定从容。

如今，围绕着老吴山的老街巷又经过了一定的改造，像河坊街、南宋御街、大井巷等地都成了年轻人喜欢的创意聚集地。

大井巷是杭州留存不多的相对安静的街巷，地处吴山脚下。巷里有一家荷方国际青年旅舍，四合院式的天井，错落有致的院落，将"隐石餐厅""尚咖啡""荷方陶周末"等多个独立的空间维系在一起。

南宋御街曾经叫中山路，获得过国际建筑界的最高奖普利兹克奖的王澍将中山路改造得焕然一新。现在这条街已经越来越令人欣喜：开在老洋楼里的"花事咖啡"、闹中取静的"吴山驿青年旅舍"、二号观景台中的"暖空概念明信片咖啡馆"，甚至杭州留存时间最久的"晓风书屋"，都是这条街上值得一去的好地方。

另外，离河坊街不远的劳动路上的"寒烟咖啡馆"、西湖大道上石库门里老上海味的"碧桃小馆"也有着别样的文艺气息。

所有美好的事物都值得花时间来探寻，在吴山，你可以花一整天的时间走街串巷。在这里，随时会遇到一些令你喜欢或感动的景致，而给杭州之行画上记忆中难以忘却的一笔。

吴山
——老底子的皇城根

吴山，杭州人俗称『城隍山』，是西湖群山中最接地气的区域。山不高，却充满着故事和回忆。如果你想感受老底子的杭州生活，就一定要来吴山，这里保存了杭州本地人最纯正的生活方式。

◆ 景点特色

◆ 老底子的杭州人生活
◆ 可以听到很多传说
◆ 吴山脚下有一些艺术街区

## 皇城脚下是我家

杭州有句土话：城隍山上看火烧，形容的就是杭州人那股与生俱来的淡定。即使发生了火烧眉毛的紧急事件，杭州人不温不火的性格依旧让他们可以淡定地慢慢悠悠，活脱脱就是"皇帝不急急死太监"的模样。拼死拼活去努力争取的事，杭州人很少做。

沿着吴山天风的石碑往上走，不多远就是吴山，吴山四通八达，连接着伍公山、紫阳山、凤凰山等，有很多出入口。从南宋御街上的鼓楼、伍公山、肿瘤医院、太庙公园、十五奎巷，这几路都能上山。小时候，天气好的午后，经常会约上几个同学结伴登山，去看大樟树，去爬十二生肖，去找泼水观音。

你很难想象，杭州还有保留着这样传统文化的所在，时光的更迭、岁月的变迁竟然没有改变这里的一丝半毫，依旧还是几十年前的模样。

老吴山上，几十棵老香樟树围合而成的小世界，就是杭城老底子的精华所在。

古老的樟树

　　每天早晨，都会有操着本土杭州话的老年人从四面八方而来，提着鸟笼、穿着素衣，在这里登山、拉伸、打太极，或是与老友喝茶、下棋、聊天……老杭州人来这里，根本不用特意去约朋友，因为他们知道，只要上山，朋友一定就在山上。

　　这里通常很热闹，老年人说话很大声，跟繁华街市的热闹却不一样，但很莫名的，这种热闹并不惹人心烦，反而透露着生活的随心与安然，看着他们，你会爱上这样的场景，爱上老杭州人。在他们脸上，洋溢着可贵的平凡的幸福感，没有物质，无关利益，更脱离了世间纷扰。这里就像自家后院的凉亭，随意自在，吐露着最本真的样貌。他们的生活方式，几乎和30年前无异，完全没有因为物质条件而改变几分。

## 古今奇谈汇吴山

　　吴山的故事很多，千百年来，伴随着都城的兴衰和演变，吴山积淀了大量不同时期的文化，老人们总喜欢对年轻人讲曾经的故事。比如吴山上那座至今已有2000多年历史的伍公庙，当年吴国大臣伍子胥因进谏吴王夫差却遭赐死，吴人怜之，就在此山立祠纪念，建造了一座庙宇，取名伍公庙。到了明代，周新在山上建起了城隍庙，香火盛极一

1. 伍公山茶楼　　2. 为伍子胥建造的伍公庙　　3. 当地人在山上练太极

时，故杭州人俗称吴山为城隍山。此外，吴山上还有药王庙、东岳庙、宝成寺等庙宇，故有"吴山七十二庙宇"之说。

　　踏着斑驳的老樟树影走进吴山，看到的是一幅幅安逸的画面。

　　旧时，吴山上还有斗鸟的习俗，让两只鸟撕咬打斗，人们以此进行赌博。如今斗鸟已经被历史淘汰，但是吴山却成了养鸟人的天堂，每天早上，都有爱鸟人将自家鸟儿从家中提来，挂在树荫下，画眉、八哥、鹦鹉、芙蓉……在树林里欢乐地歌唱，百鸟争鸣的景象，也就只有在吴山能看到了。这些老人虽年过花甲，仍腰杆笔挺，身板硬朗，与路人大谈养鸟之道，从他们乐观豁达的人生态度上，能看出杭州老人的幸福感真的很高。

　　吴山的美，在于发现，在于传承，在于探索和挖掘。当你一步一步靠近它，就会越来越多地了解杭州，感受到一个完全不一样的有血有肉的杭州。

　　如果你来杭州，一定要来吴山，体验一回最纯正、最地道的杭州生活。

### 📍 景点资讯

地　　址：杭州市上城区

门　　票：无

# 客栈
## KEZHAN

## 荷方国际青年旅舍
### ——步入旧时光

吴山脚下的大井巷，是留存下来的为数不多的相对安静的街巷，正应了那句「小隐于野，大隐于市」的古话。大井巷的荷方国际青年旅舍依旧保存着老杭州的味道，走进那里，仿佛步入旧时光，拼接出了童年的旧日时光。

◆ 客栈特色

- ◆ 中式庭院建筑
- ◆ 背靠吴山脚下的老山墙
- ◆ 有特色餐厅、咖啡馆、陶艺吧

### 植入灵魂的饵

如果你住过杭州老城，那一定会对大井巷，甚至荷方怀有浓浓的眷恋，因为这里拥有着"最杭州的感觉"，那是植入灵魂的饵，无论离开多久，总能轻易将你的思绪诱回。

大井巷起源于宋朝，历史悠久，文化底蕴深厚。虽与河坊街相连，却截然不同。河坊街从日至夜人声鼎沸，游客摩肩接踵，但一进入大井巷，气息就忽然沉静了下来，行人不多，步履悠闲。从小巷穿行回旅舍，有一种小时候回到外婆家里弄的感觉。

大井巷不长，不过几百米，却含蕴了南宋古都的千古风韵。巷子很窄，两旁都是百年历史的杭州老房子。外立面前些年经过翻修，统一的白墙灰瓦，墙内是一个天井，住着几户人家，是典型的江南建筑格局。

荷方国际青年旅舍位于巷子中间，由两座当年的四合院民居改建而成，传统江南风

古老的四合院天井特别有老杭州的味道

格，背靠吴山，又别有一番静谧。白墙黛瓦、花格窗棂、青石板、柚子树，清爽舒适。

　　整个旅舍由住宿区、公共休闲区、咖啡吧、中餐厅和陶艺吧组成，后院的庭院很大，往户外走还能去山上的陶艺吧。庭院一角，青砖墙下是石头水槽和老式水龙头，复古的设施好像真的回到了旧时岁月。旅舍隔壁巷子里现在还住着几户老杭州人，偶尔能遇见白发老人独自坐在竹椅上摇着扇子纳凉，丝毫不被百米之外的闹市喧嚣所扰，隐隐地透露着老杭州人的风骨。

## 住进旧时光

　　既然是杭州老房子，设计当然是中式风格。老旧的木窗，古朴的桌椅，简单的陈设，却处处显现底蕴。在老房子中开旅舍，既不能破坏原有结构，又要做出不一样的感觉，很考验设计者的功底。老板不喜欢复杂的形式感，所以旅舍从里到外没有任何冗余的花哨造型。这样一来，那些淘来的用作装饰的老玩意儿就颇有意境。房间基本都是木床白床单，简单干净，毕竟对旅行者来说，睡个好觉才是最重要的。

　　在杭州的青年旅舍里面，荷方规模比较大。就算这样，周末和节假日常常还是会爆

1. 尚咖啡的风筝墙很有记忆　　2. 荷方的软装也很有年代感　　3. 公共区域特别有文艺范儿

满。旅舍客房除了常见的高低铺床位、标准间，还有复式大床房和复式高低铺床位间，用一条木质长梯将两层的空间连起来，面积不大，但能满足有阁楼情结的客人。

无论是夜晚或是清晨，荷方给人的感觉都是宁静而悠远的。

夜晚，踏着青石路缓步而行，穿过古老而浓厚的四方天井，回到房间，就像穿过了小半个世纪，然后枕着月光入睡。

白天，斑驳的阳光从满眼绿意中洒下，面对着后院的山墙，整颗心都被窗外的绿意萌化。铺着苔藓的台阶，一直通向远方，院落式的老围墙周边生活着的人们，正在渐渐苏醒。

山墙上几乎长年有花草，春天是一墙娇艳的蔷薇，夏天是一墙碧绿的爬山虎，秋天又可以闻到阵阵桂花香。山墙下有一条石板小径，蜿蜒曲折，似乎沿着这儿走便可以上山了，是与旅舍的二楼相通，而且屋顶上别有洞天，有一间洗衣房，也有一片大露台，视野开阔，目力所及是错落有致、层层叠叠的青瓦白墙。大露台上专门摆放了太阳伞和藤椅，晚上在这里喝着啤酒，吹风乘凉，与三五驴友玩玩游戏，惬意万分。

### 餐厅、咖啡馆、陶艺吧一个都不能少

荷方青旅的旁边是一家名为"隐石"的、相同风格的附属餐厅，用透明玻璃把白墙灰瓦分隔开来，白墙上有几枝青绿色的藤蔓，蜿蜒而上，有着中式山水画的意境。

隐石餐厅的入口是个旧墙的门，里面摆设着简洁的木质家具和独具一格的露天庭院，市井却又清新。你从迈入店内的那一刻就会眼前一亮，店里的构造有几分驿站的韵味，颇为小资，怀旧气息浓郁。陈旧却干净的桌椅板凳，老式茶壶、搪瓷茶缸，复古的铜扇，混搭又和谐。条纹沙发、竹帘、做旧的书架，无不透露着青旅的亲民与恬淡。中间还有一个类似后花园的户外餐区，特别适合下午茶时光。

从这里往上走，有一间木质的屋顶阳光房，是荷方的陶艺吧，一般周末对外开放，也可以提前预约，由美院陶艺系毕业的学生担任专业指导老师，从打底到盘泥制作，再到最后上色，即使你只是一个初次体验的新手，一个下午都可以完成一件属于自己的作品。半成品老师统一拿去烧制，半个月后会打电话通知你来取。

在陶艺吧的楼下，也就是荷方四合院的外间，是一家名为"尚"的咖啡馆，也属于

<table>
<tr><td rowspan="3">1</td><td>2</td><td>1. 风格同样古朴唯美的隐石餐厅　　2. 主打菜泡菜肥牛</td></tr>
<tr><td>3</td><td>3. 柠檬鲈鱼是隐石餐厅的特色之一　　4. 隐石的椒麻鸡口味也不错</td></tr>
<tr><td>4</td><td></td></tr>
</table>

青旅的一部分。不仅售卖咖啡、酒，也有西餐。虽然不少青年旅舍都有供住客活动的公共空间，但是很少有哪一家专门拿出这么大的面积做一家咖啡馆。咖啡馆有楼上、楼下两层，和旅舍一样，是一幢有石板地面、吊梁立柱、木质楼梯的老房子。大门是中式雕花落地窗，打开就是大井巷的石板路，大厅有一面风筝墙，让人不禁回忆起小时候在吴山脚下放风筝的场景。坐在靠窗的沙发上，可以一边喝咖啡，一边打望路人。

在古色古香的院落里，带着沉淀下来的心，体验一份只属于杭州旧时光的美食、美景，一定会是段难忘的经历。

**📍 客栈资讯**

地　　址：杭州市上城区大井巷67-73号

电　　话：0571-87063299

预订方式：网络/电话

房间价格：床位54~64元，房间165~338元

# 吴山驿国际青年旅舍

## ——只为一份久远的追忆

吴山驿国际青年旅舍和荷方国际青年旅舍属于同一个老板，因而两家旅舍怀有同样的情怀，店堂设计也有很多相似之处：入口处都摆着颜色绚丽的公路自行车，红色墙面，透明玻璃窗外的绿色爬山虎，甚至连养猫的习惯也如出一辙。这家青年旅舍是背包客们最爱的旅舍之一。

◆ 客栈特色

◆ 杭州的老牌青年旅舍之一
◆ 中国红的楼梯过道
◆ 有很多外国背包客入住

## 吴山脚下的小天地

早些年来过杭州的背包客，必然对吴山驿不会陌生，这是杭州资格最老的国际青年旅舍之一。

那时候的吴山驿，背靠吴山，临近西湖，还有一个300多平方米的院落，有山有树有花有鸟。每逢周末，阳光房和露天座位都是大家聚会的好地方。然而，因为拆迁改造，那时候的吴山驿已经永久地成为回忆。

新的吴山驿选在同样新建的南宋御街步行街区内，并不临街，在入口处的小弄堂里，闹中取静，能听到清脆的鸟叫。旅舍由20世纪五六十年代的砖瓦建筑改建而成，门面不大，但越深入越会发现别有洞天。

旅舍由住宿区、公共休闲区、视听室组成。简欧风格加青旅元素，充满小资气息的同时又年代感十足。住宿区从一楼到顶层，都用了大胆的中国红墙面，映着老式的中式家具，一种文化的碰撞感扑面而来。转入楼梯，发现内有天地，楼梯口有日历和天气预报，还有一面留言墙，上面贴满了各式留言和火车票，周末游玩的本地人或旅人随笔留

吴山驿的门面很小，藏在南宋御街里面的小巷里，闹中取静

下他们的心情和照片，或许多年以后故地重游，在这里还能找到自己当年的印迹。

房间简洁明亮，床铺舒适。八人的高低铺在狭小的房间内摆放着，房间布置异常简单，床头仅有一盏灯，地上放着背包客大大的行李。青旅的最大好处就是，在这里你完全可以只是做自己，陌生与熟悉在一个刚刚好的临界点。彼此陌生的人，住在同一个空间内，虽然近在咫尺，却不知道彼此的姓名，私密空间那么透明但又能保证干净与纯粹。你可以和有眼缘的陌生人相视一笑，一切尽在不言中。

一楼的公共大厅简单而雅致，白色的木质桌子搭配墨绿色的沙发，颇有旧时欧式的装饰风格。再往里走，还有一个休闲酒吧，经常会有演出。没有演出的日子，这里是慵懒的咖啡吧，角落里、沙发旁、玻璃顶上都能看见各种颜色的猫，悠然自得地踱着步子晒太阳。在最好的季节，与操着各国语言的帅哥美女在此相遇，或许就是一段故事的开头。可能更意外的是，TA或许就睡在你的上铺或下铺，这也是青旅最充满魅力的地方。

## 户外发烧友的根据地

旅舍，因为有了主人的想法，就会带上自己独特的风格和印记。物以类聚，有相同兴趣和爱好的一群人，会逐渐被旅舍传达的强大磁场吸引，自发聚集在这里。

做青旅的老板，除了情怀之外，一般都热爱户外运动。吴山驿的老板也不例外，从店堂的装修到平时组织的活动，就能看出老板的兴趣品位。

吴山驿的酒吧区

吴山驿的公共大厅

阳光洒在房间里

　　背包客喜欢自由、热爱自然，无论交友、约伴都喜欢志同道合。吴山驿，恰好提供了这样一个和谐的环境，公共区域的小黑板上时常会写着小告示：X月X日，一起环西湖骑游吧！这种自发组织的户外活动在这里非常常见，如果你喜欢骑行、登山……在这里很容易找到志趣相投的人。

　　不分年龄、不分国界，不知道彼此的职业或者过去，只是一起骑上单车，在阳光下释放荷尔蒙；或者彼此一笑，轻松自在地打一场桌球；再或者，只是安安静静地享受一杯下午茶时光。

### 客栈资讯

地　　址：杭州市上城区中山中路22号

电　　话：0571-87018790

预订方式：网络/电话

房间价格：床位55～110元，房间118～328元

晓风书屋
——微小而强大

分散在城市各处的独立书店，都有自己的故事。做独立书店的不易，反而成为爱书人的梦想和坚守。作为杭州留存至今最『古老』的独立书店，『晓风书屋』几十年如一日地坚持着自己的方向，从一家不足25平方米的小书店发展到遍布杭城十余家门店，连总理李克强来杭州时，都特意去书店翻翻书。经历过无数坎坷后，『晓风书屋』终于越来越强大。

◆ 书店特色

◆ 杭州最资深的独立书店
◆ 古色古香的低调

## 城市的表情

一座城市，爱书的人多了，关于独立书店的梦想和传说也便会多起来。独立书店是一座城市文化的窗口，是这座城市文化人的态度。

晓风书屋是杭州最老的独立书店，从1996年开业到现在已经整整20年。从最初的一家面积不足25平方米的小书店到如今遍布杭州的十多家门店的连锁店，晓风书屋越来越有名气，甚至很多名人来杭州时，也特意来书屋翻翻书。虽然网络冲击了实体书店，但纸质书还是一种文化的象征。爱书的人始终还是喜欢翻阅的感觉。

## 繁华地带飘出书香味

南宋御街上的晓风书屋是一家很别致的书店，店面不大，却很有人气。

古朴的书店与南宋御街的气质很相符。店门口由一名百岁老人题字的店名牌匾低调

1 | 2
  | 3

1. 晓风书屋始终保持着低调的风格　　2. 书籍都以人名分类摆放
3. 坚持弘扬传统汉文化

地挂在竹排纸上，使书店显得低调而有品位。

　　书店装修得简单而质朴，环境很舒适，看起来大方明朗，光线充足，容易让人静下心来读书。主人并不希望大众把注意力关注在表面装修上，所以尽量简洁质朴，她希望这里更吸引人的，是书籍本身。

　　不管什么时候，书屋的各个角落都有认真看书的读书人，或坐或站，在书海里获得满满的富足感。

　　这里的书按作者分类，每本书都只有一册在架，满满地塞在书柜里。书屋内还专门设有古籍区、古旧区。因为晓风书屋的老板朱钰芳很爱丰子恺的漫画，所以每家晓风书屋一定都能找到丰子恺的漫画。

　　朱钰芳是真正的爱书人，只进喜欢的书，她觉得自己经营的最大特点，是心态好，

把书当成生命中的一部分，把顾客当成朋友。她广交文人朋友，书屋内有很多名人字画，也符合晓风的气质。朱钰芳甚至给大女儿起名"晓风"，与书店同名，是希望自己的女儿能够和她一样爱惜书、爱读书。

📍 书店资讯

地　　址：杭州市上城区中山中路105号（南宋御街店）
电　　话：0571-87820717

# 饮品店
## YINPIN DIAN

寒烟咖啡馆
——丽江小倩般柔软

你的心中，若是有浓浓的文艺情结，那来杭州，那就来寒烟咖啡馆。女主人寒烟，把这里打造成堪比双廊杨丽萍的有着极致之美的咖啡店。这里独有的标记，为这座城市增添着不一样的注脚。

◆ 饮品店特色

◆ 丽江风格浓郁
◆ 混搭民族风

### 冬夜相遇

杭州有一个好名寒烟。

对于寒烟咖啡馆的情愫，是从做她家第一拨客人的缘分说起，当时我几乎每周必去，还特意办了两张006和008的会员卡，平时车里也一直放着最初老店长送我的CD《丽江小倩》，那柔美的吟唱，真是配极了寒烟咖啡馆的调调。这是咖啡馆开业时最经常放的CD，而我也因为有了这段音乐的催化，想把心安放在这里。

认识寒烟姐姐，是在刚从西藏回来的那个冬夜，我从一个常光顾的咖啡屋出来，看到隔壁有家店铺在装修，装修很精美，屋顶上挂着很多民族背包，和我在西藏见到的很像，于是走了进去。当时已经夜里11点多，寒烟姐姐正独自爬在梯子上往墙面一张张地挂着相片，她穿着棉麻长衫，披着一头乌黑的长发，纤弱的身影，温柔却努力地在装点着自己的梦想小屋。我甚至都不忍心打扰，还是她回头看到了我。简单交谈之后，我知道这里要开一家新的咖啡馆。问了开业时间，然后如约而至。

寒烟咖啡馆就像一个童话世界里的乌托邦

当时的寒烟咖啡馆，软装还不像现在这么多。冬日里，暖暖的阳光从落地玻璃窗洒下，满满的都是温柔，大棉布沙发，柔软的抱枕，浓郁的色彩，很容易让人联想到丽江的风情，或是路上的味道。配上一份香浓的榛果拿铁，音响中歌者柔和的吟唱，整颗心都被软化了。

有一段时间，我是寒烟咖啡馆的常客，可以毫不夸张地说，任何朋友在劳动路的寒烟咖啡馆拍张照片，即便只是一个角落，我都能一眼认出。

## 用四季来陪你

之后，寒烟咖啡馆又开了很多分店，"夏朵""秋雨""春韵""梧桐"，都独立洋楼，家居小院，门口用竹篾编织的门牌，偶尔还会发现"发呆艳遇"的字样，每一家都比之前更显韵味。

寒烟咖啡馆在杭州文青圈里越来越有名气。这个柔软又带有江南诗画感觉的名字，像是琼瑶笔下的女主角。很多人开始将她想象为小说中被赋予各种美好的女子，接受并喜欢她那份淡泊致远的生活态度。

布艺装饰增加了整体空间的柔美

异域风情的装饰物

1 | 2　　1. 安静的小角落　　2. 寒烟爸爸做的招牌鲫鱼年糕

寒烟姐姐内心一定是喜爱极了云南民族风，在她的咖啡馆里，几乎都是超高饱和度的颜色混搭，线条或是大方格布，让人眼花缭乱，每一个角落都刻上"寒烟"的专属烙印。

## 鲫鱼面的传说

寒烟咖啡馆除了布置文艺外，还有一个法宝，不是咖啡，而是寒烟爸爸做的鲫鱼面。

从劳动路开的第一家寒烟咖啡馆开始，寒烟爸爸的招牌手工鲫鱼面和鲫鱼年糕就深得人心，很多回头客都是后来寒烟爸爸去了夏朵，也追随到了夏朵。

咖啡馆和鲫鱼面，一个听起来很奇怪的搭配，但在寒烟这里却是绝配。因为寒烟和爸爸都是温州人，所以鲫鱼面、鲫鱼年糕里有很多海鲜，鲫鱼很大，一整条，料很足，鱼汤鲜到不行。寒烟爸爸的独家手艺，把鲫鱼面的味道深深锁在了寒烟家回头客的味蕾中。

## ♀ 饮品店资讯

地　　址：杭州市上城区劳动路128-1号

电　　话：0571-81606978

人均消费：80元

特色推荐：卡布奇诺、拿铁、提拉米苏、手工鲫鱼面、鲫鱼年糕

# 暖空概念明信片咖啡馆

## ——为你写下一片温柔

在南宋御街上，有两个设计感极强的混凝土的异形观景台，巧合的是，这两个观景台现在都成了文艺的明信片咖啡馆，其中一家，就是『暖空概念明信片咖啡馆』。

◆ 饮品店特色

◆ 原创明信片
◆ 十年内代存代寄服务

## 一生一信

每到一座城市，给最爱的人寄一张当地的明信片，已经是很多旅行者出行必做的事之一。明信片上盖了一个地方的邮戳，就有了一个地方专有的印记。

暖空概念明信片咖啡馆静静地开在南宋御街2号观景台古老的香樟树下，这幢天马行空的建筑，有点像童话故事里的树屋。沿着台阶向上，可以看到一排很大的亚克力水晶字挂在古朴的窗枢上：我想为你写下一片温柔。

内心柔软的人，一定会很轻易就被这句文字打动。

再走两步，就能看见门口一个大大的红色邮筒，门口竖着一块黑板，上面用白色笔写着"每天听一首歌，每周看一场电影，每月读一本书，每年有一次旅行，一生有一个梦想"。这是一个被文字堆积出来的小店，处处可以遇见温柔。

暖空的入口很小，倾斜且不规则的玻璃门低调地开着。这里共三层，一层是水吧台，还陈列着各类主题的原创明信片，如"西湖十景""白娘子""长相思"等，大多是与杭州相关的明信片。

沿着两边布满明信片的楼梯去往二楼，是一个可以DIY明信片的窗台。在这里你可

1. 王澍的建筑设计让这家店显得与众不同　2. 我想为你写下一片温柔，打动人心

以盖上各式各样的印章，然后投入店里的信箱。

　　三楼是休闲吧，视野很好，坐在窗边，可以俯瞰整条南宋御街，再点上一杯香浓的现磨咖啡，醇醇的咖啡香会让整个世界的节奏都慢下来。

吧台背后是用明信片做的墙

## 寄给未来

店里还有一个创意，从这里寄出的明信片不仅可以寄给现在，也可以寄给未来。

咖啡馆的楼梯口挂着十个白色的邮箱，每个邮箱上面都有未来的一个年份，你可以把明信片放进里面，寄给任意时间的自己。

楼梯背景墙上用防腐木拼贴，墙上大大的"一生一信"亚克力字，仿佛一句深刻的承诺。

暖空概念明信片咖啡馆曾被评为最适合独自去体验的咖啡馆之一。试想无论是在阳光灿烂的午后，或是在大雪纷飞的夜晚，独自一个人，在一座陌生或熟悉的城市，安静地坐在一个暖心舒适的空间内，握着笔，听着音乐，倚着木窗，用心写一张明信片给未来的自己，你会写些什么？

如果这是旅行最后一站，你是否想要在这里给朋友寄去此刻旅途中的心情？

### 📍 饮品店资讯

地　　址：杭州市上城区中山中路南宋御街129号2号观景台（中国银行旁）

电　　话：18042407898

人均消费：30元

特色推荐：卡布奇诺、明信片

## 碧桃小馆
### ——石库门里民国风

知道碧桃小馆，是因为一场偶然的读书会。按着导航的指示寻到那里，才发现，离西湖咫尺的老建筑里，竟暗藏着这样一个令人惊喜的老石库门餐厅。暖黄的灯光、复古的格调、怀旧的装饰，仿佛回到了旧时的上海。

◆ 餐厅特色

◆ 石库门里的创意餐厅
◆ 老上海的味道
◆ 民国轻奢复古情调

### 留住时间的味道

碧桃小馆的建筑独立且低调，以至于我来往多次，竟从来没有注意到，这里还有一家餐厅。

真正进去之后，才发现别有洞天。

碧桃小馆别出心裁地在入口处做了一个别致的玄关，将空间分隔出来，过了这道玄关仿佛就从现实回到了老上海的时光中。玄关从顶到地将巴洛克式的繁复与老上海的怀旧结合起来，每一个摆件都有意做旧，老旧的木门木窗、老木条地板、青铜龙头把手、彩木的墙壁和柜子，所有的摆设也都很有复古的味道，老式的吊扇、老收音机、英式的电话、老式座钟和挂钟、老木箱……很符合碧桃小馆的意境。

因为用的是老石库门的房子，所以碧桃小馆在原本的老建筑格局上做了一些小的隔间，几乎没有破坏原建筑的格局和调性，在不同的隔间里根据原有建筑布局摆放着吧

1 | 2 | 3 / 4
1. 石库门改造的餐厅　　2. 走上木质楼梯仿佛步入老上海的洋楼
3. 推开古老的房门就仿佛回到了20世纪　　4. 复古饰物完美搭配花色壁纸

台、散座，几乎都是木质桌面配沙发椅。

## 赴一场民国楼里的轻食之约

碧桃小馆的环境复古文艺，餐品也毫不逊色，走的是轻奢、慢煮的路线，坚持用健康的手法呈献给客人，只使用最少量的调味料，保持食材的原本美味，给美食做减法。

碧桃小馆家的特色饮品是绿野盆栽特饮，"黑土壤"配着青绿色的叶子，看起来很特别。印尼炒饭也颇具特色，已经小有名气，几乎是每桌必点餐饮了。泰国香米被炒得粒粒分明，配料充足，味道饱满，很有嚼头。

点几份轻食料理，配上一杯咖啡或一壶清茶，在暖黄的灯光下幽幽地享受着，时

光的痕迹在时尚料理下显得尤为珍贵，恍然让人有种隔世的错觉，以为穿越到了旧时的上海。

📍 餐厅资讯

地　　址：杭州上城区西湖大道234号
联系电话：0571-87780365
人均消费：100元
特色推荐：盆栽特饮、榴梿蛋糕、印尼炒饭

# 南山路

## 湖畔的柔软时光

杭州不只是风景美如画，更胜在富有文艺范儿，而南山路一直是杭州最具文艺范儿的地标。

不知是中国美术学院依附着南山路的美景，还是南山路因为中国美术学院的存在而充满艺术气息，总之，这条坐落着中国美术学院的街道，时时都聚集着杭城的文艺界人士。若是恰好遇到有艺术展会，更可以在这里陶冶一下艺术情操。

南山路云集了杭州众多规模最大、档次最高、气氛最好的茶馆、咖啡馆、酒吧、画廊，当然在这里情调总是第一位的。游客可以在南山路用餐、品茶、饮酒、泡吧、赏画、观景……自由地穿梭于任何一种休闲场所中。

号称杭城十大文艺道路的绿杨路上，有家既能住宿又能用餐的花园旅舍"柳湖小筑"，走进旅舍绝对会让你赞叹，在杭州竟然有如此明媚的花园式旅舍。

钱王祠附近的"明堂国际青年旅舍"也是住宿的好选择，靠近西湖，地理位置优越，周边有"西湖春天""玲珑小镇"和"7080庭院餐厅"，都是杭州具有代表性的文艺餐厅。

文艺青年来南山路一定会喜欢上这些客栈、餐厅里的柔软时光，既可看到庭前花开花落，又可望见天空云卷云舒。

# 中国美术学院
## ——西子湖畔的艺术国度

20世纪20年代，蔡元培、林风眠两位先生在美丽的杭州西子湖畔创建了中国美术学院的前身——国立艺术院。历经几十年的风雨洗礼，她远承千年艺术风流，近撷西湖山水灵气，凭借数代国美人的努力，终成国内屈指可数的艺术院校之一。

◆ 景点特色

◆ 坐落在西湖旁的美术学院
◆ 水墨风格的校园设计

### 如果艺术是一个国度

如果艺术是一个国度，南山路上的中国美术学院必然是其中最值得留恋的一个。这座坐落在西子湖畔旁的艺术院校，拥有着独特的江南韵味和水墨风格，犹如国画般青砖水泥的建筑，艺术中不失雅致之气。

这座青砖水泥风格的水墨建筑位于杭州柳浪闻莺附近，因为设计得非常漂亮，走路、骑车，甚至开车的人，到了这里总会情不自禁地减慢速度，观望一番。它俨然已成为南山路的一道风景，庭院、水榭、草坪，流水型的线条、高低错落的段面，互相交融的室内景、室外景……都将江南的韵味表现得一览无余。

在这里，你经常可以看到一些留着长发、穿着奇装异服的艺术生，也可以看到很多捧着书本的时尚达人，更多的是三五成群的俊男靓女，洋溢着青春的气息，一路欢歌笑语。这里永远有着无数的故事，消耗不完的，就是年轻和激情。

南山路上的中国美术学院正门

## 水墨般的国画意境

16年前，中国美院南山路校区开始整体改造，经过四年的改造，这幢青灰色的建筑新校舍落成。整个校舍结合了传统元素和当代简洁风格，整体建筑灰色的砖面，使它在西湖边上一点都不"跳跃"，深色的窗框不断重复传统符号，从整体到细节一气呵成，底气变得更足。

南山校区是开放式的，使整个校区成为西湖风景的一部分。在整体布局上借用江南建筑特有的处理手法，巧妙地隐景于园，借景寓情，始终给人以神圣之感。主教学楼的一楼采取大面积的架空，使得室内景观与室外景观有机地结合在一起，融会贯通，建筑与水榭、庭园与草坪，相互呼应，使整个校园充满灵气，让人不由得羡慕起在这里上课的学生们。

每年二、三月的艺考季和六月的毕业季，都是中国美院最热闹的时候。这里定期会举办各类讲座和艺术展览，每年六月的优秀毕业生展览总是会吸引很多人参观，每个教学楼都会有不同的作品展出。今年毕业展的主题是"山水相望"，巨大的海报上意境感很强的南山校区"黑""白""灰"三色建筑相映成趣，就像一幅生动的水墨画，愈显艺术气息。

对建筑有兴趣的旅行者，一定要来中国美院的南山校区走走。这里会让你对江南的

$\dfrac{1}{2}$  1. 绿色的爬山虎爬满了正面青砖墙  2. 浸润着水景与绿色的校舍

建筑有一种更深的体会，如此富有水墨韵味的建筑，坐落在唯美的西子湖畔，用空间的"空"和色彩的"净"，将艺术家所追求的意趣和境界，融合创造成一种具有中国特色又不失时代特色的建筑形式。一批批才华横溢的艺术学子，就是在这样优美的环境下培养出来的。也许，一个转身，你就能在这里遇见一位崇拜已久的艺术大师。

📍 景点资讯

地　　址：杭州市南山路218号

门　　票：无

# 客栈
## KEZHAN

但凡有朋友来杭州，我都会为他推荐柳湖小筑。在这里，人们可以与西湖亲密接触；在这里，人们听得见黄莺鸣啼，触得到杨柳依依。湖畔微风惬意，花香袭人；在这里，与其说你想去感受一种人生境界，不如说去体验一种生活状态。

## 柳湖小筑
### ——梦想和鲜花无边盛放

◆ 客栈特色

◆ 毗邻西湖
◆ 暖黄色的小洋房盛放着鲜花
◆ 餐厅定期研制新菜

### 杨柳依依，湖水幽幽

在靠近西湖的绿杨路上，有一栋暖黄色的小洋房，不用推开它的大门，就能被它扑面而来的花香所吸引，这就是柳湖小筑，一间能够轻易令人迷醉的青旅。

这家的店主是老七和雪梨。他俩都喜欢旅行，愿意把旅途中的所见分享给所有人，于是，"柳湖小筑"便成为他们青旅梦的结晶。

老七拥有很强的空间设计能力，负责整个青旅的建筑设计和硬装设计，而雪梨，则负责软装设计和绿植搭配，两人配合得恰到好处。

老七说，杭州的冬天太冷，他想给客人传递温暖的感觉，于是整个青旅大胆地运用了如艳阳般的暖黄色，只是在色阶上有些许差异，配合着五彩缤纷的鲜花，使整个空间即使在冬天，都会觉得特别温暖。强烈的专属感和记忆度，让人联想到《托斯卡纳艳阳下》。

绿杨路上的黄色建筑就是柳湖小筑

　　"当一个人来到一个陌生的城市，落脚的第一站很可能就是这家青旅，他对这座城市的印象，就会从这里开启。如果能留给别人一个很好的印象，他就会说'杭州真好，杭州人真热情'。"

　　雪梨希望柳湖小筑是充满生命气息的一家店，能带给客人独特的印象和美好的归属感。所以她每天都很用心地打理着这里的一花一木，让每一处都充满生机。你会常常看到她在看得见西湖的花台上寻找吐出的嫩芽、新发的花苞。她说，植物都是有意识的，你细心爱护它，每天去劳作，它都会有感受。它们会因为你的爱，而开得更加繁茂。

　　常常有切碎的细小果粒摊开放在顶楼露台的栏杆墩子上，这是雪梨留给西湖边小鸟和松鼠的食物，它们饿了会自己过来吃。微小的细节，能看出她的爱心。

## 露台上的花样年华

　　住在柳湖小筑的时光，恍如世外桃源般惬意自在。这里或许没有星级酒店里一套模式化的服务，但这里充满了自由、随性和真诚，来到这里就如同到了一个老朋友的家。

　　旅舍的一楼是一个集合了咖啡吧、酒吧和西餐厅的半开放式公共大堂，所有朝着室外的门都可以完全打开，更好地吸收户外的阳光、绿色和美景。室内四季都装点着不同的植物和鲜花，配上幽暗的灯光和舒缓的音乐，仿佛来到一处自然的花房。

老板很大胆地改变了格局，将建筑中间做成环形庭院

殖民地黄是柳湖小筑最明显的记忆

1 | 2 | 3　　1. 从顶楼花园望出去就是西湖　　2. 青旅的所有鲜花都是老板娘亲自打理的
3. 用心而丰盛的早餐

再往里走，是整个青旅最出彩的中央庭院，一座玻璃钢构的旋转楼梯直通到屋顶花园，四周种满了色彩艳丽的鲜花，在暖黄色的建筑围合下，显得特别生动，配合底层中央庭院的景观，组成了整个青旅的精华。

因为地理位置的缘故，柳湖小筑比一般的青旅更多了一些标间和大床房，而相应减少了一些多人间。房间并不如高档酒店般豪华，却可以看出设计者花了很多心思。从靠路边的房间，可以遥遥望见静美的西湖。房间里的家具以原木色为主，让人回归自然，房间设计与布局周到稳妥，窗帘床单朴素洁净，床边摆放着绿植，更有星星点点的紫色花朵点缀其间。淋浴间也因浴室柜上的一盆橘黄色鲜花而多了一丝浪漫的情调。而且，小小的旅舍居然有取暖系统，这样就不怕南方阴冷的冬天了。当然，柳湖小筑和所有的青旅一样，本着环保的理念，是不提供一次性洗漱用品的。

旅舍三楼有一个直面西湖的超大花园露台，是最让人流连忘返的地方。柳湖小筑用四季不同的美，爱着来到这里的每一个人。

## 鲜花·梦想·美食

每个早晨，一楼的咖啡馆会伴随着鸟语声醒过来，音乐在流淌，咖啡香气和着厨房里飘散的玛芬蛋糕香气，让早晨变得快乐起来。如果是阳光明媚的天气，更可以在露台的花园里美美地享用早餐，一杯咖啡，再来上一份美味的三明治。

在柳湖小筑，你不仅能感受到女主人雪梨对环境的要求，更能享受到不同的美食。

　　雪梨绝对称得上是一位美食达人，她喜欢亲自研制美味西餐和甜点，调制不同口味的咖啡。她说，任何事物，首先要自己喜欢，才可能让别人也喜欢。

　　入口即化的榴梿布丁，摆放精致的甜点拼盘，表面烤至金黄的三明治，醇厚香浓的南瓜汤，鲜嫩多汁的牛排，口感地道的意面……每一样都能带给客人惊喜。

　　雪梨最近的新创，是一道香嫩可口的辣蒜酱汁烤牛排。厨房按照雪梨的设计进行了十几遍的尝试才调制出的酱汁，鲜辣的酱汁配上美味的蒜香，曾经有位客人爱吃到甚至用面包蘸光了最后一滴酱汁的程度。

　　在这样一个让梦想无边盛开的栖息之地，处处都透露着花的芬芳、叶的多姿和梦的色彩。

　　在这里我们可以感受到，阳光、清风、梦想和整个世界，一起盛放。


**⚲ 客栈资讯** ————————————

地　　址：杭州市上城区南山路绿杨路5号（中国美术学院旁法拉利专卖店正对面）

电　　话：0571-86826700

预订方式：网络/电话

房间价格：床位80元，房间382～411元

# 明堂国际青年旅舍
## ——西湖边的安静小角落

南山路上青年旅舍很多，而离西湖最近的青旅，莫过于美院对面那条通往西湖小巷子里的『明堂』。这家国际青年旅舍坐落在西湖边的一整排白墙黛瓦的明清式建筑里，旁边是西湖边的文化创意客厅『西湖101』。住在这里的天南海北的背包客，轻易地把西湖的浪漫情怀一拥入怀。与旅舍前台一门之隔是他家附属的咖啡馆，叫『明堂蓝水』。

◆ 客栈特色

◆ 旅舍距西湖仅50米
◆ 杭州最早的青年旅舍

## 与西湖为邻居

明堂国际青年旅舍是明堂的总店，也是杭州最早的青年旅舍，坐落在西湖南线的南山路上，中国美术学院对面，拥有绝佳的地理位置。客人临西湖而居，可以随时和西湖零距离接触。

旅舍所在的南山路是文艺青年最爱的地方，对面的中国美术学院，使整条南山路充满了浓浓的文化气息。若恰好是秋季，南山路上的梧桐最惊艳了。漫步在南山路梧桐道下，秋风一吹，金黄的梧桐叶就成片飘落，一路逛着，耳边是脚踩在落叶上的沙沙声，浪漫不已。

明堂的新楼旁边是钱王祠，建筑雄伟宏大，庄严整肃，通体红墙，右侧的牌坊直道尽头是钱王握弓塑像。再往前走，就是小资聚集地"西湖天地"和涌金门的金牛出水。

西湖十景中的"柳浪闻莺""万松书院""玉凰飞云""雷峰夕照""南屏晚钟"都在旅舍附近。西湖的美需要慢慢体会，春夏秋冬，日落月升，甚至每个时刻都有不同的风情，却淡妆浓抹总相宜。出了旅舍慢悠悠徒步，且行且看，杭州的秀美尽收眼底。

明堂大门离西湖不到50米

1 | 2 | 3    1. 青旅的配套咖啡酒吧——明堂蓝水    2. 典型的YHA接待前台
3. 客房区的公共大厅仅供客人使用

## 南山路上的幽秘境地

明堂不仅周边环境好，内部同样令人流连，以至于很多客人住进来就不愿意离开。

穿过旅舍的大门，便是大堂，前台区非常宽敞，弯弯月梁上雕刻着精细的花纹，皮影戏灯箱无声似有声，几节翠竹一方小池，潜移默化地向来此的中外客人们传播着富有魅力的中国传统文化，后院则是一片浓荫，人们在浓荫下面聊天会友，舒缓的背景音乐让人把整个身心都放松下来。明堂的牌匾立于正中央，八仙桌、太师椅、长石凳、各式的瓷器，配上新鲜的花束，闭上眼感受这意境，如痴如醉。

旅舍有两栋楼，1号楼都是单独的房间，2号楼多半是多人间，更为适合单身客人或者背包旅行者。旅舍的顶楼，有个露台花园，周围都是花草盆栽，天气晴好的时候，可以在这里坐坐，与同住在这里的陌生人共赏一段春色，同聊一段人生，说不定会遇见一些命中注定的缘分。

## 明堂蓝水煮光阴

在青年旅舍的隔壁，是开放式的明堂蓝水咖啡馆，这里有杭州最好的咖啡、啤酒和阳光。

蓝水——光听这名字便让人联想到海的纯净和天的高远，热爱植物和旅行的主人刻意将店堂的整面墙壁做成可以全部敞开的落地玻璃门，通透的大厅总是流淌着自由清新的空气，门厅外植物交错缠绕，时刻都满溢着花草的香。置身自然，人们的心情也不免慢慢荡漾开来。

144

　　店堂简单随意，却显得很轻松，颇有几分欧洲的小调调。坐在窗边，闻着秋高气爽淡淡的桂花香，整个人立马就感觉神清气爽。最爱下午时分鹅黄色的光线，软软地在夕阳笼罩的空气中弥散开来，咖啡的香味氤氲在悠扬的音乐当中。坐得累了，出门步行两分钟，便是西湖南线，轻轻吹过面颊的，正是西湖的微风。

　　这里的客人络绎不绝，店里的座位常常不够，所以主人在店里开辟了一块新的天地。现在，多了一块透明玻璃窗下的通透景致，一块角落里的幽秘空间，还附带一个小阁楼，错落有致。一个人看书发呆，抱着电脑上网，或是两三闺蜜聊天，都是很惬意的事情。

　　在这里，或许有很多角落等着你慢慢发现，还有很多故事可以慢慢聆听，在明堂明媚的阳光里，时光静静流淌，会让你发自内心觉得，杭州，真好！

## ♀ 客栈资讯

地　　址：杭州市南山路101-3号（中国美术学院斜对面）

电　　话：0571-87918948

预订方式：网络/电话

房间价格：床位50元，房间130～330元

## 南山书屋
### ——书香中的艺术味

记忆里的南山路，一直是与文艺联系在一起的。杭州早期的文艺咖啡馆、酒吧、餐厅都集中在这里，要说最具文艺范儿的，必然是始终驻守在这里的中国美术学院和南山书屋。虽然南山书屋曾一度移址，从美院隔壁搬到美院里面，不变的是它始终如一的艺术气息，让这条路上的艺术氛围显得有那么些不同。

◆ 书店特色

◆ 美院中的咖啡书吧
◆ 主要出售文艺美术类的图书

### 南山有书屋

杭州南山路上有家"南山书屋"，几乎成了南山路的文艺标志。很长一段时间里，大家都觉得"南山书屋"就像中国美术学院的一个艺术附属品，因为开在美院旁边，又似乎只售卖着艺术类书籍和用品，所以，外来顾客并不多，基本都是美院的师生或是艺术爱好者，于是，看似略显清高的书屋，其实反而纯粹而不刻意。

曾经的南山书屋，在中国美术学院南山校区的大门旁，中式的房子，装修得古朴素净，拥有着宁静而浑厚的气质。在这里看书，很容易让人内心宁静下来，一本书，一读就是一个下午。

可是，因为种种原因，2012年南山书屋被拆除，一代人记忆中唯一的艺术书屋没有了，很多美院师生和市民都舍不得，所以，经过几番努力后，美院又把南山书屋搬到校园里面，重新开业。

书屋不变的还是古朴气质

书架上陈列的多为艺术类书籍

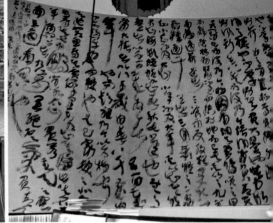

1│2　　1. 室外的阅读区　　2. 一整面墙的狂草成为书屋的记忆点

## 悠然见南山

现在的南山书屋，不再是以前古朴素净的模样，变得更为现代明亮。整体风格与美院的大环境相近，和谐却又独立，既拥有清新的艺术气息，又不乏低调的内敛。书屋在满墙绿色的爬山虎和中国美术学院水墨色调建筑的衬托下，尤为显眼。

新书屋的设计在水墨青砖建筑下，采用了大面积的落地玻璃，外墙玻璃上错落地镶嵌着红色的方盒子，上面分别写着"美艺沙龙"和"南山书屋"。

也许是不想让任何设计抢了书籍的风头，书屋内部并没有过多设计，只是简单地分隔成前后两个厅，用一整面狂草的书法墙将书屋一分为二，前厅是书籍的陈列区，厚重的黑胡桃书架上陈列了艺术书籍和画册为主的书籍，还有一些艺术衍生品。后厅是书屋的咖啡区，是一些半封闭式的卡座，可以点杯咖啡在这里探讨点艺术问题，也可以选本自己喜欢的书读，感受美院独有的艺术气息。

在这里，随时能够听到身旁的艺术家们在讨论艺术的新话题，也随时可能一个转身，就遇见美院的教授，或是你喜欢的某位艺术大师。

书屋的门口还有一个木质露台，露台上摆着一组桌椅。天气晴好的日子，点一杯咖啡，捧一本书，在美院如画的环境中，晒着太阳，与自然相伴，与艺术为邻，在书香中读到新的高度，实在是再好不过的享受了。

📍 书店资讯

地　　址：杭州市上城区南山路214号

# 餐厅
## CANTING

玲珑小镇
——精致的东方意蕴

玲珑小镇是南山路上最具江南情怀的精致型餐厅之一。沿街宽大的落地窗，白色的镂空砖墙，蕾丝的柔美纱帘，红色的艺术造型灯，像一幅民国画卷，铺展在温润如水的西子湖畔。

◆ 餐厅特色

◆ 台式创意菜系
◆ 空间设计布局巧妙
◆ 融入越剧元素

### 精致玲珑心

如果问我，南山路上这么多文艺餐厅都喜欢哪家，我的回答是：玲珑小镇是首选。南山路是杭州老牌的文艺街区，特色的文艺餐厅比比皆是，玲珑小镇作为一家已经走过十多年的文艺型主题餐厅，依旧门庭若市。在这里环境绝佳、菜色极好、价格实惠，这样的餐厅，怎能让人不再次回头。

玲珑小镇的女主人陈艺是越剧大师金香的关门弟子、浙江越剧团国家一级演员。而玲珑小镇在餐厅设计时就将戏剧的元素融入餐厅里，将越剧风韵与室内装修结合起来，并使之成为玲珑小镇的灵魂。

玲珑小镇全空间运用了白色墙砖，既古典又现代，大厅中间的白色砖墙在镂空和围合上巧妙处理，让卡座之间的空间若有似无地相隔，却又不是如包厢式的封闭。硬质的墙砖搭配着柔和的纱幔，表达出了东方美学的意蕴。

画面感很强的玲珑小镇外立面

玲珑小镇

玲珑小镇的色彩搭配让人觉得很有食欲

1│2│3     1.比篮球还的麻球绝对是发朋友圈最吸引眼球的菜品    2.油光发亮的三杯鸡

3.菠萝油条虾是玲珑小镇的必点菜

除了店堂的环境设计，玲珑小镇在细节上也是力求完美。菜单设计精美，结合戏曲元素，格调清新雅致，翻看每一页都像是一幅艺术画卷，令点菜变成一件赏心悦目的事情。

## 比篮球大的麻球

餐厅受欢迎的关键在于菜色的口味，玲珑小镇也不例外。

她家的明星菜谱真的数之不尽，除了菠萝油条虾、三杯鸡、油淋鲈鱼这些几乎每次必点的当家菜外，酸汤肥牛、浓汤鳜鱼、蟹粉豆腐也是点击率很高的菜品。还有女生们最爱的甜品，花生冰沙、红豆菠萝刨冰、杧果西米布丁、榴梿酥，几乎每一款都是下午茶必点经典甜品。

来玲珑小镇不得不提的还有一大萌物——比篮球还大的功夫麻球。很多人都是冲着这个麻球而来，功夫麻球外脆内薄，香酥可口，可以称得上创意和口味俱佳。每次，这个比篮球大的麻球上桌，总能引得大家纷纷拿出手机拍照，然后上传朋友圈。

回忆里的美食，总有一些口味令我们常挂于心，玲珑小镇留给我的回忆就是生命的简单素白，暗香盈袖。

## 📍 餐厅资讯 ————————————————

地     址：杭州市上城区南山路198号

电     话：0571-87025558

人均消费：80元

特色推荐：功夫麻球、菠萝油条虾、三杯鸡、油淋鲈鱼

# 7080 庭院餐厅
## ——庭前花开等花谢

西湖畔的柳浪闻莺附近，有一幢白色的庭院建筑，林荫环绕、绿水相伴、空气清新，外观简约时尚，却取名『7080庭院餐厅』。走进之后才发现，这里果真很怀旧，有许多70后、80后的共同回忆。

◆ 餐厅特色

◆ 临近西湖的庭院餐厅
◆ 复合式怀旧经典主题


## 穿越林霭去漫步

在还没有7080庭院餐厅和Park1999之前，这里是一家茶楼，叫林霭漫步，一个只因为名字就能让人喜欢得不得了的地方。临近西湖的林海间，建起一组木质建筑，几个建筑间用一道木质连廊平台连接。在这个互相交叉连通的立体世界里，杉林、平台、连廊与构架交织沟通。

由于江南水土湿润，树林茂密，光照并不充分，所以大部分的日子总是云气缭绕，空气仿佛洗过一般清新。行走在林海间，就像林霭漫步。如此妩媚的名字，就像天生属于这里一般。

但因为经营不善，林霭漫步最终没有撑下去，改成了现在的7080庭院餐厅和Park1999花园酒吧。虽然转换了经营，但保留了原有的建筑样式，林海中庭院式的空间和氛围，继承了林霭漫步的设计精髓，以完全放松的姿态接纳所有人，成为南山路上最受欢迎的餐厅之一。

餐厅已与西湖边的自然森林融为一体

餐厅内部也把庭院的自然元素引用进来

1 | 2     1. 餐厅装饰墙上照片的色彩因时光的推移而渐渐褪去     2. 江湖一锅鲜

### 70后、80后的共同回忆

当怀旧在一段时间内成为餐厅设计的主题时，7080庭院餐厅也应运而生。它保留了原有建筑空灵自然的外貌，又加入了怀旧的主题风格。森林系装修，以格调文艺著称，又带着年代感，是文艺女青年的最爱。

大厅里随处可见自然生长的树木，用透明玻璃架子包住，保留了最原始的状态。整体墙面的白色和做旧的绿色基调，与周围满眼的绿色非常协调。全玻璃式造型，能够一眼望见街景和西湖美景，室内装饰既复古，又很有庭院风格。

这里没有纸质菜单，只能在黑板上点菜。进门就是一组复古的老灶台，菜品都是开放式地陈列在灶台上面，让人能够很直观地选择喜欢的菜色。这里大部分是精致的杭帮菜，当然也不乏地道的川菜和粤菜。

一楼的室内空间设计得很文艺，雷锋叔叔、复古年画、小闹钟、收音机，墙壁上铺挂的老照片，烙印着70、80年代痕迹的物品。透明的玻璃墙，郁郁葱葱的大树，充满岁月感的书架，很适合来坐坐，聊聊天，打发时间。

二楼的户外庭院可以闻花听雨，原木的地板，林中的连廊，天气好的时候犹如在森林里用餐，满眼绿色，鸟语花香，空气好到容易醉氧。真是既可以看到庭前花开花落，又可以望见天空云卷云舒。

### 📍 餐厅资讯

地　　址：杭州市上城区南山路87号（近柳浪闻莺）

电　　话：0571-87770078

人均消费：80元

特色推荐：酒糟鲈鱼、凯凯油爆虾、土豆芝士

# 西湖春天
## ——粤菜的杭派天空

西湖的春天是属于杭城最美的季节，而南山路餐饮一条街上有一家名字美如画的餐厅，也叫『西湖春天』。这里主打的是港式料理，口味清淡，尤以广式点心出众，获得过很多奖项。这是南山路酒吧结束后的夜宵好选择，因为它一直营业到凌晨3点半，是西湖边人气最旺的餐厅之一。

◆ 餐厅特色

◆ 西湖边最早的文艺餐厅之一
◆ 港式广东风味

### 西湖的味道

西湖春天，听名字就会让人联想到春水初平、云脚还低的西湖，想到早莺争暖树、新燕啄春泥的西湖，想到绿柳娇杨、游人如织的西湖。这一派西湖春景令人对这个名字心生向往，很多人也正是为此而选择来这家餐厅用餐。

西湖春天的名字虽然意在春天，但实际上是与西湖的四季景色相配的。游完西湖，走到南山路，来西湖春天享受一顿纯正的港式料理，身心都会得到一种很大的满足。

西湖春天位于中国美术学院对面，钱王祠的附近。背对西湖，装修风格很雅致也很现代。作为南山路首批创意餐厅，十多年来，西湖春天一直保持着它作为整条街龙头老大的品牌形象，人气一直很旺，每到饭点都免不了排队现象，所以在一楼用了近半层的面积作为客人的等候区。

如同杭州最美的季节春天一般，西湖春天给人的感觉总是清新雅致且风韵无限的。店堂设计时尚精致，布局艺术且独特，白色系的整体基调配上圆管的序列呈现，显得整个餐厅时尚明亮。

$\frac{1}{2}$　1. 白色钢管把餐厅隔成了不同区域　2. 透明的红酒吧就在入口处

夜宵好选择

获得"中国餐饮名店""2012金鼎奖中国饭店业最佳连锁品牌奖"等众多奖牌称号的西湖春天,菜肴品质也绝对不会让人失望。

广式点心以精致著称,而这家餐厅的广式点心制作得相当地道。榴梿酥和虾饺皇,

| 1 | 2 |
|---|---|
| 3 | 4 |

1. 主打乳鸽只有掌心大小　　2. 几乎每桌必点的虾饺皇　　3. 榴梿酥是西湖春天的特色

4. 西湖春天的菜色一直中规中矩

是当之无愧的招牌餐点，几乎每桌必点。花雕焖乳鸽获得第十三届中国美食节金鼎奖，外酥内嫩，味道很棒。

粤式海鲜、烧腊、风味菜也都比较清爽入味。摆盘精致鲜艳，很符合江南人的口味，看着就很有食欲。这里还有很多得过奖的菜色，"阿拉斯加蟹三吃""奶酪烤羊排"都获得过金鼎奖，"清蒸鲥鱼"也得过金奖。当然，这里的菜价也并不便宜。

西湖春天的夜宵也可圈可点。

西湖春天的营业时间到凌晨3点半，算是西湖边最晚的餐厅了，自然也成为酒吧客最好的夜宵选择。

粤菜量不大，胜在精致，正餐、下午茶、夜宵都合适，逛完西湖，走到南山路，来西湖春天享受一顿纯正的港式料理，是对身心的一个大奖励，喜欢有点小情调、小清新的人可以来这里亲身体会。

📍 餐厅资讯

地　　址：杭州市上城区南山路101-17号

电　　话：0571-87035551

人均消费：120元

特色推荐：榴梿酥、虾饺皇、花雕焖乳鸽

# 北山路
## 恋一段民国风情

北山路精致古雅，是杭州颇具文化底蕴和历史情怀的一条街道。

这里四季风韵各不相同，春天鲜花盛开，夏季绿荫笼盖，秋天金色满街，冬日残荷枯叶，路旁栽种的法国梧桐，都有十几年的树龄，荫翳茂盛，运气好的时候，还能够看到天鹅自由自在地浮在湖波氤氲的水面上。

沿着西湖北里湖，走在北山路上，一边是美丽的西湖，另一边则是历史悠久的民国时期别墅：隐逸的坚匏别墅、多情的秋水山庄、苍凉的静逸别墅，还有西湖博览会遗址，江南园林典范汾阳别墅、西湖名庐穗庐等建筑，它们静立湖畔，默默诉说着传奇佳话。葛岭后面的玛瑙寺和抱朴道观，也是难得的江南园林和道教建筑典范。多个时代的老建筑，静静地掩映在茂林修竹中，等着你去细细品味。因此有人说：走一趟北山路，做得半个秀才。

从北山路可以一路上到宝石山顶，山顶就是保俶塔，西湖新十景中的"宝石流霞"也在这里。宝石山腰有一家著名的书吧"纯真年代"，被喻为杭州的文艺地标之一。书吧主人锦绣和子潮的爱情故事让人动容。

就在前几年，政府在北山路安排了"北山之夜"的民国主题活动，定期会有相关文艺表演，更增添了北山路特有的风味。

# 民国建筑别墅群
## ——忆一场旷世爱恋

作为杭州颇有韵味的道路，北山路就像一本内韵深厚的线装古书，如果你只去过断桥，那就只读到了它的第一页，而整书最精彩的，是之后的路程，一个个景点，仿佛一页页精彩的篇章，记录着一幕幕跌宕起伏的历史，诉说着无限的诗意情怀。

◆ 景点特色

◆ 各具特色的民国建筑
◆ 荡气回肠的历史故事

北街梦寻

北山路从杭州西湖边的断桥出发，直至西湖十景之一的曲院风荷，被称为世界上最美丽的路之一。一边是西湖，一边是宝石山下诸多著名的别墅。不仅风景无限，而且意韵深厚。

道路两旁坐落着许多各有特色的建筑，而更散发出一种独特的杭州味道。断桥旁的北山路八号，曾经是蒋经国故居，抗战胜利后，蒋经国曾携妻蒋方良及儿女寓居于此。这是一幢西式二层砖木结构别墅建筑，清水砖外墙，带一个小院子。现在，这里开了一家星巴克，俨然杭州地理位置最好的星巴克。

再往前，就可以寻到古老的坚匏别墅。坚匏别墅也叫小刘庄、小莲庄，是刘镛儿子刘锦藻为自己建造的。西湖小莲庄与同样是刘锦藻所建的湖州小莲庄相比，更多了一分质朴。

继续向西，会在马路边看到一幢二层的暗红色小楼，于繁花碧树中特别醒目，这就是

抱青别墅是北山路民国建筑群中最具特色的建筑

　　抱青别墅。这幢民国风很浓的三层楼房颇具文艺范儿，很多新人和文艺青年会来这里拍婚纱照和艺术照。它曾是世代做丝绸生意的南浔富商邢赓新的房子，新中国成立后又曾作民居使用。而现在，抱青别墅已变身成为杭州国画院美术馆，收藏了大量国画作品。

　　从抱青别墅往前，就是几幢很知名的民国时期建筑。现在分别是西湖博览会博物馆、中共杭州历史馆、菩提精舍和名声很大的春润庐。"春润庐"名字的来历很有意思，南侧别墅是"润庐"，为朱润生所建，北侧别墅名"春庐"，为宋春坊所建，而"春润庐"，就是各取两位业主姓名中的一个字而成。大批来杭州的文化名人，都会选择在此长居短住。

　　西湖边从不缺少爱情故事，北山路更是如此。多情的"秋水山庄"，就流传着许多杭州老人记忆的一段浪漫故事。据说，它是上海《申报》总经理史量才向其妻沈秋水表达爱意而建的一幢中西合璧庄园式建筑。而"秋水"，则是取其妻子的名字。柔美的"秋水山庄"美感源于整个立面，别具匠心又无比和谐。青石砖墙面，配上朱红色的花窗，在北山路梧桐的映衬下，显得尤为温柔。后面有一个不小的园林，水景鲜花，假山奇石，是典型的江南庭院。现在的"秋水山庄"已是新新饭店的一部分，二楼有一家公司，大多数时候，后场庭院被各种商业活动所用。

　　除了这些拥有美名的别墅山庄，北山路更多的是以门牌号命名的别墅。如北山路84号别墅、北山路97号别墅，都拥有着无数古老而美好的故事，还有几处已经苍凉废旧的别墅群，等待着有缘人去慢慢了解、细细品味。

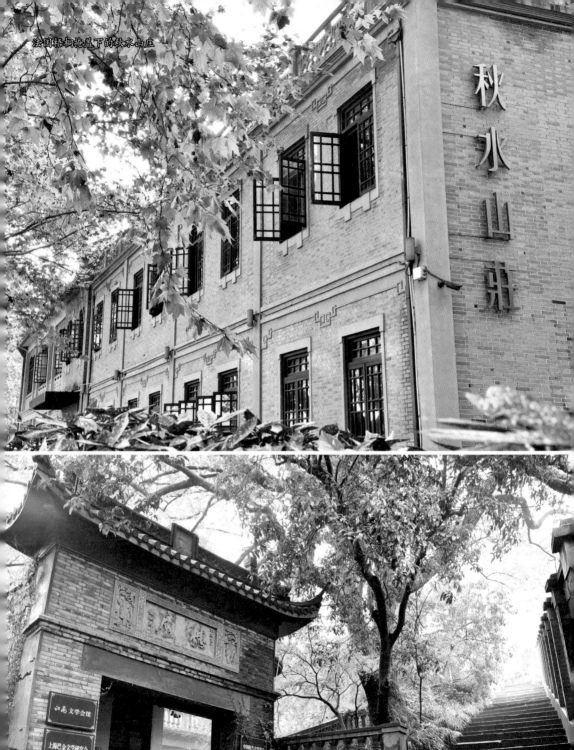

法国梧桐掩盖下的秋水山庄

秋水山庄

几乎荒废的穗庐

道路两旁巨大的梧桐树把北山路营造得格外唯美

## 北山之夜

北山路的白天永远车水马龙，游人如织。但是到了夜晚，华灯初上，又是另一番的景象。每年特定的时间，杭州政府会在北山路特别举办"北山之夜"的文化活动。"北山之夜"提倡来到西湖的游客都穿上旗袍和中山装，在北山路的梧桐树影中，慢慢散步，体会生活中的舒缓和从容。

从晚上七点开始，北山路会限制车流，从断桥到西泠桥，用变幻的灯光勾勒出西湖的轮廓。而靠湖面的一侧，商家会摆上铁艺桌椅，备好小食茶水，有的还会点上蜡烛，支起小伞，等待客人到来。

此时的西湖不仅有很多表演可以观看，如果恰巧你穿了旗袍，在这里喝咖啡或喝茶，还可以享受半价的优惠。

一边是繁华且多情的西湖山色，略带苍茫和隐逸；另一边是各有风韵却并不张扬的典雅建筑群，在夜空中诉说着它们的故事。

📍 景点资讯

地　　址：从断桥到曙光路北山路一带

门　　票：无

杭州的风景，因西湖和群山的辉映而更显风韵。西湖周围的山不高，但似乎每一座山都有动人的故事和独特的韵味，极具文艺情怀。宝石山，是离西湖最近的一座，也是最迷人的一座。无论是夜攀、观日出日落、俯瞰西湖全景，都会令人获得别样感受。

◆ 景点特色

- ◆ 可俯瞰西湖全景
- ◆ 山上矗立着婀娜的保俶塔
- ◆ 初阳台日出是一绝

## 换个角度赏西湖

看过西湖千百遍，于我来讲，最深刻的印象仍是第一次俯瞰它全貌的样子。

那是儿时第一次跟着两三好友一起登宝石山的情景。踏着并不高的台阶走到山顶，透过干枯的枝丫，看到阳光洒满湖面，美不胜收。我弱弱地问了一句："这是西湖吗？"友人大笑："这是当然。"但在当时的我眼里，它和平时看到的西湖太不相同。俯瞰之下的西湖原来这么小，里外两片湖水在苏白两堤的衬托下如两块剔透的碧玉，尤为静谧，这是我第一次以另一个角度去看西湖，从此便爱得一发不可收。

宝石山是西子湖畔唯一能够俯瞰西湖全景的地方。正因为绝佳的地理位置和绝美的风景，成为当地人和外地游客都喜爱的景点。夕阳西下，登上宝石山顶的岩石，柔和的夕阳映照在对面岩石上，闪闪发亮，如同宝石般流光溢彩，这就是"宝石流霞"。"宝石流霞"也被评为"新西湖十景"之一。

黄昏时从宝石山望西湖

### 保俶如美人

杭州有句古话"保俶如美人，雷锋如老衲"，讲的就是西湖边的保俶、雷锋两座塔。

保俶塔是宝石山上的重点景点，也是整个西湖乃至杭州至关重要的标志。现在的保俶塔是砖砌的实心塔，位于宝石山的山顶，已经无法再登临，系仿清代图样重建的。

保俶塔窈窕灵秀，美貌生动，正如"美人"一般。无论是站在湖边欣赏保俶塔婀娜矗立的样子，还是登上宝石山顶仔细仰视她的容貌，这位"美人"总会给你一种温柔娴静的感觉，如同杭州这座城市所散发出的优雅气质。

### 夜爬宝石山

宝石山有众多的登山线路，杭州人最喜欢夜登宝石山。从西湖边的北山路上的若干条小径或者从东边的保俶路宝石山一弄以及西北方向的曙光路都可以上山。山不高，登到山顶也不会很累，坐在山顶岩石上吹吹风，发发呆，绝对是享受西湖夜色的最好方式。这里景色优美，但山路蜿蜒，分支很多，第一次最好有识路的人带领，当然，宝石山的亮灯工程做得不错，即使在晚间，三两成群或是大部队结伴也都没有问题。

古老的屋顶落下的绿色藤蔓

　　几乎每个晚上，都会有杭州户外俱乐部组织的小分队或者自发组织的队伍，在少年宫旗杆下集合去夜爬，他们会带手电、头灯和对讲机，既能锻炼，也能认识新的朋友。我最推荐的一条宝石山登山线路，是从保俶山的宝石山一弄上山，穿过一片老建筑，再经过一个老石山门，就可以直接上山。看到路两旁斑驳的老树再往上走一些路，就到了纯真年代书吧，可以歇歇脚，抑或继续上山，不多久，就可以看到保俶塔出现在眼前。再往前，是一个平台，这里就能俯瞰西湖。但是如果你想看到最美的西湖全景，必须要再往前走，穿过一线天似的岩石路，攀岩上宝石山顶旁的一块岩石，这里是宝石山拍西湖全景、日出、日落取景的最佳位置。很多人会坐在岩石顶端，吹着风，听着音乐，俯瞰整个宝石状的西湖，世间的一切烦恼都会烟消云散。

## 初阳台上等日出

　　除了夜爬，早起登山去初阳台看日出是感受宝石山更好的方式。

　　初阳台，光听名字就知道是看日出的景台，这里是能够领略到西湖第一缕阳光的地方。若是天气好，清晨日出之际，红漫东天，西湖之上的云层从深紫变成橙红，然后慢

历史感很强的山路在绿色下尤为幽静

慢晕染开去，整个天空变得不可捉摸，这里则会变得霞光万道。只是，现在初阳台周围树木过于浓密，遮挡了一些远眺西湖的视线。

记得千禧年来临的前一天晚上，这里涌入无数游客，通宵达旦，只为在这里共享新千年的第一道曙光。

清晨在宝石山上，可以看到很多本地人上山健身锻炼的身影和一些攀岩爱好者在岩石间跳跃的场景，他们之中有些已经坚持了多年，登山已经成为他们生活的一部分。

在这里，你能感受到杭州人最健康的生活方式，他们如此热爱着自己的城市，热爱着自己的生活。

📍 景点资讯 —————————————————

地　　址：杭州市西湖区

门　　票：无

# 汾阳别墅
## ——与西湖做邻居

汾阳别墅又称郭庄，在杭州是少有的收门票却门庭若市的宅邸，它既有苏州园林般的江南风情，又有独享西湖一隅的柔美，堪称建筑园林中的经典之作。

◆ 景点特色

◆ 江南园林典范
◆ 西湖四庄之一

借景怡情一湖水

在杭州，如果想看江南园林的话，一定要去汾阳别墅，杭州人更爱称其为"郭庄"。它是"西湖第一名园"，也是现在西湖四庄里唯一一座作为私家园林保护并开放的小园。

汾阳别墅不大，在西湖的西边，与苏堤隔西湖相望，但极为精致典雅。园内小桥流水，亭台楼阁，有着江南小家碧玉的柔美，移步易景，湖湖相扣，既独拥着西里湖美景，又拥有着属于自己独特的芳香，营造出很多惊喜，回味无穷。

第一次进入汾阳别墅的游客，总是会由衷地赞叹，这里真的太美，像是走入精美的画卷中。

汾阳别墅整个建筑艺术上的最大特点就是大量运用"借景"的手法。西湖湖山绝美，当然必须把这样得天独厚的优势发挥出来，于是"借景"便成了这里最大的亮点。即使不面对西湖的院子，同样也可以开出窗户来把景收纳进去。汾阳别墅里有很多或扇形或方形或梅花状的景窗，景窗的后面，可能是一株红枫，或是一座假山，但更多的，是一池西湖绿水，一层透一层，透出浓浓的意境，故杭州有"庄子春秋"之誉。

汾阳别墅是杭州最好的私家园林之一

汾阳别墅处处有着小家碧玉般的美景

乘风邀月是面对西湖的茶室

　　如果恰好遇到展览的日子，这里的布置也同样用"借景"的手法来表现，如同一幅幅功底深厚的淡彩国画，在属于自己的空间里轻描淡写。

　　园小乾坤大，汾阳别墅的设计者将临湖一面用能透视的围墙分隔，临水建筑均可观望到西湖景色。而在东侧的太湖石假山之巅，还有一座"赏心悦目亭"，登亭伫望，潋滟湖光，四季都美如画。

## 香雪分春一杯茶

　　现在更多人来汾阳别墅，是为了喝茶。沿着曲折的回廊步入园内，一座名为"静必居"的宅院，现在已经变成茶楼，对外营业。

　　这里一杯杭州龙井20元，配有暖水壶自己加水，同时可自带零食，应该是杭州西湖边性价比最高的茶楼了。懂得生活的杭州人和会寻找的游客如果来过汾阳别墅喝茶，那必然是不会再去别的地方了。这里可以坐拥整片西湖美景，看着山色空蒙雨亦奇的一池碧水，仿佛过着闲云野鹤般无争的隐居生活。

　　喝茶观景的最佳位置，应属"乘风邀月轩"，这是一个三面由圈廊围合而一面正

枫叶红绿交替中

对西里湖的亭台，在这里喝茶，除了景，看不到任何多余的杂物，仿佛整个西湖都被你独享了。若是恰逢杭州下雪，那就是轩外雪花纷飞，轩内暖意宜人，此时在这里喝茶观景，实在是人生一大快事。

　　汾阳别墅的春夏秋冬都有不同的景致，春天赏柳，夏天观荷，秋天赏桂，冬天看雪。每年这里都会举行荷花展、月季展或是菊花展，若是恰好碰上展览，那就更别有一番韵味了。

📍 景点资讯 ────────

地　　址：杭州市西湖区杨公堤28号
电　　话：0571-87986026
门　　票：10元

## 纯真年代书吧
### ——互赠的生命礼物

纯真年代的子潮锦绣，他们为了自己的梦想，在宝石山开了一家代表杭州文艺标杆的书店——纯真年代。这里不仅展现了两位爱书人对文学的态度，更代表了一座城市对文艺的坚持。

◆ 书店特色

◆ 拥有俯瞰西湖全景的绝佳位置
◆ 经常会举行各种文化沙龙
◆ 真实感人的爱情传说

### 纸质书的文艺情怀

书店能够记录城市的表情，一座城市对待纸质书的执念，可以看出这座城市对于文化的态度。

纯真年代，店如其名，属于一个纯真质朴的年代。它坐落在宝石山腰，闹中取静。在这里，捧一本小说，点一杯咖啡，观湖，会友，都很惬意。无论是炎炎夏日，或者烦躁闷热的雨季，面对一片迷人的湖光山色，坐在椅子上享受一个下午，都不失为城市中最绝妙的享受。

无论从北山路或是保俶路往宝石山上走，都很容易找到纯真年代书吧。这里有着绝佳的地理优势，就在保俶塔旁的平台下，店里无论是临窗的位置还是露天的平台，都能俯瞰整个西湖和长长的白堤，绝对称得上这座城市里最具视觉感受和美学意义的书吧。

书吧装修朴素不张扬，却处处都透露着文艺的气息。门口挂着的招牌"纯真年代"

店内有很多好友赠写的"纯真年代"

为艺术家韩美林先生书写，还有诺贝尔文学奖得主莫言先生送的对联，低调地放在二楼包厢。里面是满墙的书和成排的书架，墙上贴有一些照片，展示的都是从2000年开业至今书吧一路走来的历程。

书吧靠窗的位置是一排四人桌的沙发桌椅，用矮书架隔开，每张桌上都有一个小台灯，便于看书。窗户、桌布和户外阳伞的颜色，都用了古典的暗酒红色，在这样的环境下看书，特别能让人静下心来。

最里面的书架摆放着很多作家签名本，都是作家们来书吧的时候签的，有王旭烽的《南方有嘉木》、陈忠实的《白鹿原》等。

## 比风景更美的是爱情

很多人都知道"纯真年代"书吧，但并不都知道书吧主人浪漫得不真实的爱情故事。

"看山揽锦绣，望湖问子潮。"这是莫言为他们写的一副对联，巧妙地将"纯真年代"的位置特点和他俩的名字编在了一起。

书吧的女主人叫朱锦绣，她的丈夫叫盛子潮。一个是80年代的厦大才女，一个是浙江省文学院院长。他俩在厦大读书时认识，毕业之后，子潮以一首"敲门诗"将锦绣"骗"来家乡杭州，一住就是十多年。

满墙的书架让人有阅读的欲望

　　1999年，锦绣查出患了结肠癌，在病中，她想若她的病好了，就开一家书吧，取名"纯真年代"，以纪念他俩纯真年代时的爱情。老天眷顾，锦绣的身体在手术后渐渐康复，而"纯真年代"书吧也在之后诞生。子潮将书吧称为"互赠的生命礼物"。

　　此后，"纯真年代"书吧就如同一个见证者，将两位才华横溢的才子才女的爱情，浓浓地锁在这一片小天地中。

　　十多年来，"纯真年代"书吧在他们的坚守中逐渐壮大，从文三路到宝石山，始终保持着一种读书人优雅的气质气度，慢慢变成了杭州人"西湖边的文化客厅"。

　　就在锦绣身体已经恢复，并担任起西湖风景区健康大使的时候，造化弄人，子潮又查出患了咽癌。最终，这对以文学为契机相识相爱的夫妻，没能像他们希冀的那样，携手走完一生，子潮在2013年离开了这个世界。

　　作家麦家为子潮写下悼词："子潮为杭州留下了比钱更值钱的纸张，比爱情更真切的爱。"

## 比书店更多元的是情怀

　　书店在城市里，就像是一段段被传唱的故事。

　　都知道做独立书店很辛苦，光凭售书很难赢利，甚至支撑不起高昂的房租。所以，独

从书房可以望见西湖

立书店人为了更好地支撑起情怀的生存，往往会加入更多元素，"纯真年代"也是如此。

现在的"纯真年代"，已经不仅仅是可以买书看书的书吧，同时还有咖啡、甜品、中式简餐和下午茶。

这里的菜品和茶点口味都不错，看书饿了，在这里美餐一顿犒劳一下自己绝对是不错的选择。女主人锦绣是温州人，所以店里有温州风味的鱼饼，做得洁白又有弹性。酸菜鱼同样是这里口碑很好的菜。一家书吧能做到这种程度很是不易。

一本书、一杯茶、一顿美食，在若有似无的音乐中，一边沐浴着宝石山的清风、阳光，一边欣赏西湖美景，混沌的现实世界就像被屏障隔开。这里没有喧嚣，没有烦扰，如同那个纯真年代里清澈纯粹的我们，经得起时光的洗礼，守得过岁月的等待。

♀ 书店资讯

地　　址：杭州市西湖区北山街保俶塔前山路8号

电　　话：0571-86940779

## 望湖楼
### ——这边风景独好

西湖的风景佳处几乎随处可见，断桥因那个美好的传奇故事，而名气更大，断桥边最适合赏西湖的位置，非望湖楼莫属。它是西湖边最古老的茶楼之一。

◆ **饮品店特色**

◆ 眺望西湖最佳风景
◆ 古典亭台楼阁

### 坐拥西湖最佳处

西湖边风景绝好的茶楼很多，但是如望湖楼这般地理位置极佳而又独居一片天地的，真是少之又少。

望湖楼，名如其实，独望西湖是此楼，位于西湖畔的最佳位置，五代时吴越王钱弘俶所建。

望湖楼整个建筑大气古典，绿树成荫，与西湖山体融为一体。登临望湖楼的平台楼阁眺望，西湖胜景皆来眼底。断桥上游人如织，白堤上桃红柳绿，意境绝然。宋代的王安石、苏轼等人，都曾登上望湖楼，或观景，或咏诗。

如今的望湖楼已经是杭州知名的茶室，依旧保留了原本的样子，没有过多装修和刻意的成分。几张简单的桌椅，几顶黑色的阳伞，自然生长的植物，撑出湖边一片天。

也许你会觉得，这样的地段，这样的风景，肯定全是慕名而来的游客，那就大错特错了。懂得享受的杭州人，从来不会放过任何坐拥西湖最佳处的机会，这里从以前

望湖楼的建筑很有年代感

这边看西湖风景独好

望湖楼的露台下就是西湖

到现在，一直都是杭州本地人常去的茶楼，赏着美景喝着茶，抄着本土的杭州话对着西湖聊天打牌，都是来这里的杭州人最爱的活动。时至今日，当地老杭州人都一直是这里主要的座上客。

## 赏湖听雨闻茶香

"水光潋滟晴方好，山色空蒙雨亦奇。"西湖景美，浓妆淡抹总相宜。然而，很多人说晴西湖不如雨西湖，雨中的西湖，如诗如梦。望湖楼自是西湖畔的一个观景佳处，细雨中的西湖烟景迷蒙，美不胜收，而雨中的望湖楼更平添几分婀娜，而在雨中的望湖楼喝茶的茶客，又是多么幸运才能求得此景。

宋代诗人苏轼曾在雨天的望湖楼写下《望湖楼醉书》"黑云翻墨未遮山，白雨跳珠乱入船。卷地风来忽吹散，望湖楼下水如天。"这样的美句，成为望湖楼最出名的诗句。若是恰逢雨天来到望湖楼喝茶，一边品茗，一边望着西湖的美丽雨景，体会着文人墨客们当年的心情，则更别有一番滋味。

喝完茶，从望湖楼的后侧往山下走，可以寻到一些古老的石函路摩崖题刻。1920年以前，西湖环湖马路尚未建时，这里就是通往西去的道路端口。依山而趋，耸峭的崖壁上满目的摩崖题刻，让人印象深刻。

如果还有心，可以再往北山路深处走，能看到一些古老废旧的民国别墅，同样很值得探寻。

## 📍 饮品店资讯

地　　址：杭州市西湖区北山路2-3号

电　　话：0571-85155843

人均消费：46元

# 餐厅
## CANTING

北山十号
——听一场风花雪月

北山路大多是古老的别墅和朴素的景致，临街的现代建筑和特色美食餐厅少之又少，而断桥对面的几家店铺，因为地段太好，更是寸土寸金。北山十号，出现在这里，就显得特别珍贵。

◆ 餐厅特色

◆ 西湖畔、断桥边的极佳位置
◆ 格调时尚的法式餐厅

### 断桥残雪在眼前

北山十号Carbon法国餐厅，位于西湖畔、断桥边，位置绝佳，从落地玻璃窗向外望去，便可饱览无边的西湖美景。如果冬日下了雪，从这家餐厅便能观赏到著名的"断桥残雪"。

这是一家刚开没多久的西餐厅，在断桥边一栋毗邻西湖的小洋楼里，一楼做餐吧，二楼做酒吧。从窗外看餐厅，那就是一座精致又慵懒的玻璃瓦砖房子。第一眼就会爱上，让你不自觉地想进去。

餐厅设计做得很有特色，室内室外兼得，景观做得很棒，现代自然且精致。全落地窗的外墙，透出暖黄的灯光。高大的透明型材门进去后是一条长长的休息等候区，由顶到地的木板和枯木、水晶灯组成了别致的造景。

原木桌椅、枯木树丫、水晶吊灯、绿植花艺、植草砖墙和青砖水泥，构成了餐厅的主要元素，当然，免不了特色工艺品做装饰。大厅中央是一片透明玻璃窗，洒下自然的

北山十号是西湖边位置极佳的西餐厅

光，与暖黄的灯光形成有趣的组合。

老板是外国人，连带服务领班也是外国人，服务很懂得度的把握。这里经常有很多来自世界各地的客人，除了地理位置确实好之外，老板也是活招牌。

## 舌尖上的盛宴

与这样风景相称的，必然是同样高格调的餐品。

这里的餐品价格并不便宜，但也能配得上这绝佳的位置。首推主打的吞拿鱼焗千层，鱼肉很充实，混合着奶油，表面的浓厚芝士整片地覆盖住土豆，最底下还有一层土豆，融入了非同一般的鱼肉香，给舌尖新的感觉。

北山十号最出名的是他家的饭，真的很好吃，西班牙海鲜焗饭和蘑菇烩饭都用料很足。海鲜焗饭改良了烹制方法，采用专门的焗炉烤制米饭，省略了千篇一律的马苏里拉奶酪，用的是番茄酸甜口味。红红的饭粒颗粒分明却不失松软喷香。表面的海鲜有大虾、蛤蜊，个头大、营养价值高，却因为米饭的惊艳反而成了配角。而蘑菇烩饭更是每桌必点的主食。米饭香软，连心也要软绵绵地融化了。浓浓的奶香和用料很足的蘑菇，无论从哪个角度挖一勺米饭，都是恰到好处的满足感。

局部的自然采光很讨巧

　　还有特调饮品——柠檬神仙水，用的是透明骷髅头的造型，冰甜清口，刚好可以用来解腻。

　　不过，这里的上菜速度就和欧洲人不急不躁的性格一样，不能催的。试想也是，既然选择在断桥边吃一顿饭，自然要好好欣赏风景。时光，在这里会变得很慢很慢，而景色，同样很长恨长。

## 📍 餐厅资讯 ────────────

地　　址：杭州市西湖区北山路10号

电　　话：0571-87968775

人均消费：180元

特色推荐：吞拿鱼焗千层、西班牙海鲜焗饭、蘑菇烩饭

# 青芝坞

## 将文艺进行到底

青芝坞是杭州著名的文艺范儿街区。这个小村落位于玉古路，毗邻浙江大学玉泉校区，餐饮娱乐项目一应俱全又文艺腔调十足。主路两旁都是白墙黑瓦的独栋小楼，一条长长的小溪自灵峰探梅流下，穿过村子，潺潺流水间将特有的江南情怀抒发得更加灵动。这里家家有院，户户有花，生活节奏很慢，主打着"休闲青芝坞，享受慢生活"的生活口号，俨然已成为杭州文艺青年聚集的"小清新后花园"。

甜蜜的"威廉的太妃糖酒店"和新开的"威廉的太妃糖·皇妃酒店"算是青芝坞最火的客栈。艺术气息浓厚的青巢客栈每晚都会在公共的咖啡吧为客人播放文艺电影，定期还会约上几位旅行大咖们来做分享。如果你是运动爱好者，不要错过石虎山下的"石琥驿站"，老板将健身、运动、户外和民宿结合起来，绝对会让你大开眼界。

除了客栈之外，青芝坞最有名的应该是美食，这里大到如"朴墅""热意""茶田吾舍"这样知名的主题文艺餐厅，小到路边一家简易不知名的麻辣烫，都会有吃货从世界各地赶来体验。还有很多风格不同、充满个性的情调咖啡馆、酒吧，无论是来这里喝杯下午茶或是夜间小酌，都是不错的选择。

当然，如果你想静一静，"1758书吧"绝对是一个可以停留的好地方。书吧虽小，却是极其温暖的所在，老板不以营利为目的，茶资随意。你也可以带一本自己喜欢的书，放在那里，留给下一个有缘人。

# 威廉的太妃糖酒店
## ——只做你的皇妃

如果你想体验威廉古堡式的酒店，不用千里迢迢跑到欧洲。杭州青芝坞主入口不远处，就有一家欧洲古典风格、温馨甜蜜的精致酒店，它就是"威廉的太妃糖酒店"。而今，在威廉的太妃糖酒店旁边，又开出了它另一半的爱人——威廉的太妃糖·皇妃酒店。

◆ 客栈特色

◆ 田园式的欧洲风情
◆ 每个房间都有太妃糖

甜蜜梦中人

青芝坞有如此多的民宿，但威廉的太妃糖酒店始终保持着它浓郁的甜蜜度，从开业到现在，人气一直居高不下。

酒店很好找，青芝坞的主入口进来约200米，朴墅餐厅后面，一幢欧洲古堡似的建筑便是。建筑保留了原有的白墙，下面用复古文化砖做了装饰，显得有些古朴。侧面一个小楼台入口，被鲜花绿植和小物件装点得十分精美，木质的窗户上醒目地写着"WILLIAM TOFFEE"，中间是一个太妃糖的LOGO，而旁边一块木质的招牌上，画着一个男孩子的剪影头像，这就是"威廉皇子"。

这是一家男性化的酒店。有点小小的意外。一般做文艺情调的民宿，以女性居多，起码会更多迎合女性口味。

走上这个装饰得很唯美的台阶，仿佛遇见朱丽叶的花园阳台，颇有贵族气息。推开木质大门，欧式古典风情的大堂呈现在眼前。暖暖的壁炉，复古的做旧沙发，砖木结构

威廉的太妃糖酒店就在青芝坞路口不远处

的空间里摆放着丰富的工艺品，一道拱门把大堂自然分割为两个区域。一侧是吧台，吧台上的砖延续了户外的墙面，大量木料的运用配合着琳琅满目的装饰品，就像置身欧式古堡中。砖墙拱门的另一侧是一个小型的咖啡区，几张小圆桌，一些随意散落的沙发，每个桌上都有一盏温馨的小台灯，设计得有些复古，带着些许欧式乡村的味道，几个年轻人围坐在一起，玩着桌游，谈笑风生。

酒店名叫太妃糖，所以这里每一间房都用一种太妃糖命名，而且每位入住的客人，都会收到两颗太妃糖作为礼物，老板希望每一位来这里的客人心情都像太妃糖一样甜甜蜜蜜。

大堂里有一个自制的指示牌，指示着威廉家族其他"同伴"的位置——威廉的太妃糖温馨楼，25米；威廉的秘密花园，20米；威廉的太妃糖·皇妃酒店，40米；威廉的太妃糖公馆，2.5千米；威廉的太妃糖山墅，4千米。原来，威廉的太妃糖系列远不止这一家。

## 我的爱人是皇妃

走出威廉的太妃糖酒店，穿过旁边的院子，就可以看到皇妃酒店，那是一个更为讨

威廉太妃糖酒店的服务吧台

皇妃酒店大厅有些小奢华

1 | 2 | 3　　　1.皇妃酒店的装饰品　　2.皇妃酒店的过道　　3.皇妃酒店过道上有意思的小品

女性喜欢的房子，与男性的"威廉"形成鲜明的反差，传达出另一种格调的欧式风情。

皇妃酒店庭院很大，种植着各类花草，木质地板上一组摆放着鲜花的铁艺桌椅，上面写着"Welcome"，圆拱门另一边错落地安置着一些铁艺桌椅，还有一个欧式的喷泉雕塑，田园风十足。整个外立面用的是透明玻璃，铁艺楼梯一直通到顶楼。

皇妃酒店的室内装修更加精致，同样的砖木搭配，却选用了更为女性化的浅色系木色。地面是混色的拼砖，墙面是米白色的肌理漆加上白色的木门窗，搭配着一些装饰，铁艺件、鹿角、马头、鸟笼、烛台、花束，还有各式工艺品，欧式的镜子、红色的帘子搭配白色的做旧木柜，显得梦幻。房间的名字也更符合女性的浪漫："夏洛特·梦境""爱丽丝·花语""安琪拉·天使""艾琳娜·誓约""绮丽儿·珍爱"……仿佛每个房间都在诉说一个有关文艺复兴时期的旧梦，让你体验一回法式田园的浪漫生活。

这里同样延续了威廉的太妃糖酒店的甜蜜，你可能随时会遇到惊喜，或是某个心水的摆件，或是在房间的铁盒中发现两颗太妃糖，温暖中透着细腻，浪漫中有着甜蜜。

威廉的太妃糖酒店和皇妃酒店，就像皇子与皇妃的美丽相遇，一边是复古的男孩风，另一边是清新的女孩风。属于皇子的小楼就像一座文艺复兴时期的城堡，仿佛回到欧洲的复古时代；属于皇妃的小楼则为小清新的纯白色，像是踏入了欧洲皇妃的闺房。

📍 客栈资讯

地　　址：杭州市西湖区玉古路59号青芝坞内

电　　话：0571-87999358

预订方式：网络/电话

房间价格：236～408元

# 青巢客栈
## ——很高兴遇见你

从青芝坞的主路一直往里走，快到植物园的三岔路口，可以看到一块显眼的牌子，上面写着『青巢』。这里的老板是位艺术家，所有客栈的画作都出自他之手。每天晚上，客栈的公共大堂都会播放文艺电影，偶尔还会邀请旅行达人来这里做分享。

◆ 客栈特色

◆ 很大的私人庭院
◆ 可以开分享会的公共空间

## 遇见青巢

我与青巢的缘分，要从朱小勇说起，我的这位曾经独自搭车旅行的驴友，恰好在他家做义工。

我们并不算很熟，在青芝坞踩点的那天，正好碰到同样环球旅行回来的小强要去他家开分享会，顺便邀我一同说些路上的故事。

这是我第一次去青巢，也是第一次深入走进青芝坞。

青巢客栈的位置属于闹中取静，从主路转进去，能看到青巢客栈的小牌坊，牌楼旁的这幢民宿并不是客栈所在，青巢客栈是最里面的那幢。当发现一个小清新风格的庭院，就到了青巢的地盘。

这是一个很大的庭院，用蓝色的栅栏围合着，里面鲜花芬芳，绿树成荫，装点得很漂亮，可见主人的用心。庭院里放着很多自行车，可供客人租借。天气好的时候，骑行是游览杭州最好的方式。

青渠的公共区，每晚都可以看电影，还能举办分享会

客栈的留言墙

## 亦青旅亦民宿

推开青巢的大门，一股浓浓的暖意袭来。

入口的造景做得很别致，一只老木桶上刻着"青巢"二字。一楼大厅是一个可以喝茶喝咖啡的公共空间，有一块大面积的投影布，可以让客人在闲暇的午后，品一杯咖啡，看一部电影，或是在周末的晚上，开一场关于旅行或者梦想的分享会，再或是私人定制一次专属的聚会派对。平时的日子，每天晚上这里都会播放文艺电影。很难想象，在青芝坞这样寸土寸金的民宿中，有能够容得下大投影仪的公共空间，更没有想到，这里除了普通房间外，竟然还有高低铺的床位间，这不是青旅才有的标配吗？想来老板应该是个有气度的人。

青巢的房间样式很多，除了标准间、大床房之外，还有多人间床铺和中式榻榻米、日式榻榻米。房间的设计很简单，更关注舒适性，几乎是按照星级酒店的标准配置，老板还用西湖十景为房间取了不同的名字。

真正见到青巢的老板，是在那晚的分享会上，老板热情地拿出水果糕点来招待大伙儿，讲话幽默风趣，为人低调真诚。

小勇告诉我，老板很有才华，客栈走廊上所有的油画、素描，都是出自老板之手，甚至店里出现的所有木制铭牌，都是老板自己设计篆刻的。这让学习艺术的我顿时肃然起敬。

房间窗外就是青芝坞的绿色美景

　　除了有才，老板还很有爱，青巢不仅是他为旅行者提供的一个旅途中的家，也是他给自己孩子青青的一份礼物，他希望孩子能够在更好的环境中成长，有一个驻扎在杭州最美的家。

### 📍 客栈资讯

地　　址：杭州市西湖区玉古路青芝坞118号

电　　话：0571-87990711

预订方式：网络/电话

房间价格：59～308元

# 石琥驿站

## ——玩的就是志同道合

细数青芝坞的客栈，多是既文艺而又有腔调，不分伯仲，而青芝坞尽头的石虎山上有一家石琥客栈，绝对是最与众不同的。他家以运动为主题，拥有全杭州第一家CrossFit健身中心，老板痴迷运动，广交朋友，经常会有跑山、环湖、健身等活动在此集结，时刻传递着浓浓的健康生活正能量。

◆ 客栈特色

◆ 工业风格
◆ 运动、咖啡、住宿的混搭体
◆ 铁人三项专业运动俱乐部

## 你需要的正能量

石琥驿站很难找，位于青芝坞慢生活街区的深处，浙报理想·青芝坞七树文创园里，是石虎山山脚一幢白色的房子。

穿过青芝坞略显嘈杂的街道，拐进石虎路，爬上一段有些陡的小坡。越往里走，人越少，树越多，声音就越静，只能听得到风的呼吸、鸟的低鸣。空气也越发清新起来，石琥驿站就这么静静伫立在丛山怀抱中。

来到这里的，都是正能量满满的元气男女，他们身上都有一些共同的特质，比如爱笑、爱运动。

喜欢运动的人，因为要早起，所以会越来越勤奋；因为要有耐力，所以抗压能力越来越强。于是整个人都会充满活力与魅力，就像这里的老板"朱大胖子"一般。

自称"朱大胖子"的他，其实一点都不胖。他是运动圈牛人，铁人三项的爱好者，身材更可称为是力与美的结合。大家都亲切地叫他"朱大"。

他的健身房很显眼地写着三个数字："42.195""180""3.8"，分别表示一个

后工业风格的客栈咖啡厅

石瓶站的一层大厅既是客栈的公共区又是一个咖啡馆

石琥驿站内的健身房

全程马拉松，42.195千米，骑行180千米，游泳3.8千米，这就是铁人三项。

对于刚接触到马拉松的我来说，跑完全程已是不易，能完成铁人三项简直就是大神级人物，所以，初见朱大，就充满敬佩之情。

朱大说，他最初在这里只是为了自己和朋友们有更好的训练和交流场地，并没有刻意做成运动主题的民宿，店里的运动器械都是为了比赛训练而配备的，平时都在用，慢慢想加入一些不一样的元素，就把咖啡和民宿也结合进来，做一个跨界的尝试。

## 旅店界的运动会

去之前，我都无法想象，这是怎样一间客栈，能将运动、咖啡和住宿三种完全不搭的元素混搭起来，并做得十分完美。

石琥驿站所在地原为一家雨伞厂，朱大将老厂房拿来改造，保留了大量原来的元素，做成轻钢水泥的工业风格。那些老式的楼梯、斑驳的墙面、厚重的铁门，都重新做了处理，加上简约的水泥墙面、原木家具、砖墙和钢铁元素重新设计包装，颇有一种怀旧的现代感。

客栈的一楼是一个很大的公共空间，既是客栈的前台，也是一个现代工业风格的咖啡馆。装饰简洁却不失舒适，宽敞的空间可以容纳更多的好友相聚，灰色调的整体风格配以各式彩色的灯，成为整体冷色调中的一抹亮色。

客栈房间窗外就是大片的茶园

　　咖啡厅右侧的大块空间正被筹划开辟一个自行车功率训练房，左侧则是朱大引以为豪的CrossFit健身房。这是杭州唯一认证的CrossFit Box。目前已通过CrossFit全球总部申请，获得中国区唯一CF耐力专项课程培训基地资格。当然，这个针对机能和体能训练的健身房目前在国内还不太常见，需要经过专业培训才能独立使用，目前CrossFit健身房只对会员开放，住客暂时没有免费使用的权限。

　　二楼以上都是客房，设计延续了整体的工业风格。房间简洁舒适，大片的落地窗可以近距离看到后山的茶园，清新自然。山间空气清新，白天可以看到茶农在园里劳作，夜间就只能够听到蛐蛐和虫子的叫声。这里没有人为的灯光、没有嘈杂的声音，可以伴着虫鸣安安静静地入睡，舒舒服服地进入梦乡。

### ♀ 客栈资讯

地　　址：杭州市西湖区青芝坞石虎山路18号
电　　话：0571-87172761
预订方式：网络/电话
房间价格：285~618元

# 1758 书吧
## ——要么旅行，要么读书

青芝坞有一家很小、很难找，却很有名气的非营利书吧——1758。这里的老板很慷慨：看书，免费；茶资，随意。1758还兼做旅行户外俱乐部，可以跟着一群正能量的青年『一起舞吧』。

◆ 书店特色

◆ 非营利书吧，茶资随意
◆ 同时是旅行户外俱乐部

### 将纯粹进行到底

要么旅行，要么读书，身体和灵魂，总有一个要在路上。城市中有一处地方，可以将两者结合，就是1758。

说到1758书吧，就不得不说到小安。我认识这个90后女生是在两年前的某次驴友聚会上，她一身户外装备，笑容明媚，潇洒利索。

小安是户外俱乐部领队，也在书吧工作，经常对我说起书吧，称我一定会爱上这里。而我确实爱上了1758，是从得知它"非营利"开始。

"这里怎么收费？"喝完一杯花茶后我问。

"我们书吧是免费的。如果你愿意给，可以根据自己的心情给。"

这段对话让我至今记忆深刻。城市里的书吧并不少，做得有腔调、有文化的也不在少数，但这里，是真正可以让人回归到内心本真之初的。

很难有一个公共场所，能够将纯粹做到极致，因为一旦赋予了"商业"的标签，

1758书吧的名字听起来就像一起舞吧

"纯粹"就无从说起。而1758做到了，它的非营利，把这里变成真正让灵魂可以憩息的地方。

"这里大部分的书都是顾客自愿捐出来的。"小安有些自豪地说。

细看整个书吧，各种类型的书籍都有，历史、人文、哲学、旅行、漫画、书法……每一本都代表了赠书人对于知识的传承和态度。我从未有赠书的习惯，但来到这里，却让我发自内心地想要把自己的书、爱和温暖，传递给下一个热爱读书的人。

如果你有机会来到这里，不妨也带一本书来，将爱延续。

## 阅读与户外的俱乐营

1758是由一群热爱旅行、热爱生活的人组建起来的。问之名字的缘由，小安只是莞尔一笑："为什么叫'1758'？你多念几遍试试。"

"1758，一起舞吧！"

读着会突然有种想要舞动起来的冲动，舞动自己的人生，舞动生命的灵魂。

书吧很难找，在深巷的民房里，门口有一只很凶的狗，据说会咬人。但这一切都并

书吧的主人是一个热爱旅行的人，墙上贴满了旅行照片

书吧的很多书籍都是爱书人送的

书吧的茶资费都是随意给的

不妨碍前来这里的读书人。

这里经常会有慕名而来的客人，一壶茶、一本书，就是一个美好的下午。

这里不仅是阅读的小天地，还是户外俱乐部的集中营。

书吧有两层，一楼是公共区域，二楼是办公室，店内的摆设都是店主和朋友亲自设计的，清一色的原木书架和桌椅，加上他们自己精心打理的绿植。门口有一架古琴，还有一块原木的留言板，墙上贴满了旅行的照片，很多都是小安带队出游的照片，记录了美好的回忆。

无论你是喜欢旅行，还是喜欢阅读，都可以来这里，窝在角落温暖地看书，或是与同样热情、乐观的书吧工作人员对话，喝喝茶、看看书、谈谈心，结交一群朝气蓬勃的朋友。

📍 书店资讯 ────────────────────

地　　址：杭州市西湖区青芝坞46-1号

# 餐厅
## CANTING

朴墅餐厅
——朴素杭州味

提起『朴墅』餐厅，人们第一个想法会是『这家店很火』。『朴墅』坐落在青芝坞街口，坐拥极佳的自然风光，无论地理位置、店堂环境还是食物口味都无可挑剔。

◆ 餐厅特色

◆ 拥有青芝坞的最佳视野
◆ 卤味是最大的特色

味香扑鼻来

青芝坞是杭州文艺青年的聚集地，每到周末，这里总是特别热闹，尤其是车位，简直就是一位难求。而位于路口的朴墅餐厅，更加因为其位置优越、菜色精致、口味优良而口碑很高。毫无疑问，它是青芝坞人气极旺的餐厅。若不是来得特别早，等待几乎就是必修课。

朴墅餐厅的店堂设计是当下时兴的朴素风格，素白墙面，水泥楼梯，做旧的纹理，一个歪歪扭扭的树桩立在空间的最中间，略显突兀。原木的桌椅、门窗，并不花哨，简简单单，没有过多繁复，却会在某个转角发现一些惊喜。

进门的一楼大堂有一排明档，放着四口大铁锅，卤着不同的卤味，有招牌的鸡爪、牛仔骨，香味扑鼻。厨师会在这里现场烧制，一边打勺，一边就透出扑鼻的菜香，真是店家最明智的创意，即便是原本并不饿的人，走到这里，闻到这扑鼻的香气，就立刻馋虫大闹五脏庙；或者起先没打算点卤味，但看到这么鲜美的食物，就想着要尝一口，于

原木柱子是朴墅的亮点之一

是卤味的卖座率一直居高不下。

走到二层，才发现这里真的好大，经过一个内中庭，还有一个二层的独栋，有包厢和一些散座，而主楼的室外还有一个大的庭院，这里的桌位比较紧凑，每天还有这么多客人在等，可见生意的火爆。

朴墅的装饰摆件都很有趣，各有主题，楼梯口的每一个转角都能看到一些景观小品，可见主人的用心。这里还吸引了很多明星来用餐，不少来杭演出或者参加节目的明星都会光顾这里，张亮、余文乐、蔡琴都是老顾客。

## 人品大爆发

餐厅最重要的必然还是菜品的味道，朴墅在这点上一直做得很好。据说老板林巍师从中国烹饪大师董顺翔，与浙菜泰斗胡忠英大师一脉相承。当然，朴墅是所谓的融合创意餐厅，在创意上是最不能缺少的。

卤味是杭州老底子的味道，也是这里的主打招牌，鸡爪、大肠、叉烧做得都很入味。尤其是一道金牌牛仔骨，香浓的卤香，酥而不烂，配着一层薄饼，下咽之后，口留余香。

招牌的奶油芝士焗南瓜，看起来有点像小份的比萨，南瓜里有浓浓的芝士奶香，口感微甜，入口就化，软糯香甜又不腻，是女孩子很喜欢的口味。

还有一个"人品大爆发"，一直不明白是什么菜，上来之后一看，原来就是蔬菜沙

1
—————
2 | 3

1. 肌理感很强的墙壁    2.卤鸡爪也是朴墅家的特色    3.推荐最多的芝士南瓜

拉，上面洒了一些油炸脆片，口感还不错，这名字给它加分不少，也是他家最受欢迎的菜色之一。

公认的必点菜腊味煲仔饭倒并没有特别惊艳，粒粒香米透着腊肠的香味，下面那层焦焦的锅巴是我的最爱，当然，口味这东西还是因人而异。

朴墅的菜，没有过多花哨的装饰，不拘造型，注重菜的原材料和本味，相信即使是挑剔的食客，也会满意而归。

## 餐厅资讯

地　　址：杭州市西湖区玉古路61号（青芝坞路口）

电　　话：0571-87203383

人均消费：70元

特色推荐：奶油芝士焗南瓜、雪媚娘、人品大爆发、腊味煲仔饭

# 热意餐厅
## ——青芝坞遇见地中海

热意餐厅响当当的名声，与它注重口碑宣传不无关联，即使开在青芝坞最末端，依旧门庭若市。与青芝坞大多数餐厅风格都不同，这里是地中海风格。一抹静静的蓝，开在植物园畔，清幽安静，舒适自然。

◆ 餐厅特色

◆ 无国界料理
◆ 地中海风格
◆ 芝士口味不错

## 主打小清新

热意餐厅在青芝坞应该是比较特别的存在，和朴墅绝佳的地理位置正好相反，这家餐厅坐落在青芝坞主路的尽头，植物园的后门处。若是徒步从路口走进来，最好踩双平底鞋，确实有点远。

虽说位置靠里，但热意的视野范围却很好，独门独户的小楼，前后都没有遮挡，很远就可以看到他家的LOGO，显眼地挂在建筑的白墙上。门前溪流潺潺，树木郁郁葱葱，一派自然和谐的景致。

热意餐厅和大多数有主打菜系的餐厅不同，走的是创意十足的无国界料理的路线，连设计风格也是融合了各种元素。餐厅室内室外风格差距很大，室外主打的是清新自然田园风，到了室内立马变成了地中海希腊风格。每张桌子上的鲜花，有的是勿忘我，有的是满天星，加上复古的工艺品和做旧的搪瓷餐具，像是20世纪80年代，融合出不一般的味道。自然、浪漫、怀旧的各种元素混搭而成，却始终契合着小清新的口味，成为文青们很爱的餐厅。

蓝色的墙面显露着浓浓的海岛风

仿佛在地中海边就餐

1 | 2 | 3

1. 柠檬鲈鱼酸酸辣辣的味道很好
3. 米汤是热意最有特色的菜

2. 芝士焗烤手打年糕是主打的招牌菜

## 吃的是生活方式

这里不仅环境深得人心，更让人难以忘怀的是他家的菜式。

如果喜欢吃芝士，那必然不能错过他家的主打菜"芝士焗烤手打年糕"，用意大利千层面的手法做年糕，细腻的芝士配着糯糯的年糕，口感非常好。

铁板天妇罗臭豆腐，看起来更像是东京街头的章鱼小丸子，只是在这道菜中，章鱼换成了臭豆腐。

柠檬鲈鱼是我很喜欢的一个菜，鱼片很嫩，嫩滑的鱼肉里带有青柠檬的香味，酸酸甜甜带点麻辣，底下还有大白菜，很符合我的口味。

米汤的造型最为有趣，用学生时代做化学试验的试管一根根装着，插在整碗冰上，创意十足。

他家主打的是东南亚菜，除了芝士、咖喱外，榴梿也必不可少，榴梿冰激凌、榴梿炒饭都有着浓浓的榴梿味，爱吃榴梿的朋友应该会喜欢。

总的来说，热意的菜算挺有记忆度的，价格不算便宜，但吃的是一种态度和生活方式，据说，也有很多明星经常光顾这里。

### 📍 餐厅资讯

地　　址：杭州市西湖区青芝坞161号
电　　话：0571-88933088
人均消费：70元
特色推荐：芝士焗烤手打年糕、铁板天妇罗臭豆腐、柠檬鲈鱼

茶田吾舍餐厅
——深入茶田寻觅家常味

沿着青芝坞的小路往石虎山走，远远可以看到一座田园风情的复古建筑，它背靠一大片茶园，店里装修如同自家。故取名『茶田吾舍』

◆ 餐厅特色

◆ 疯狂创意美食奇葩菜
◆ 位于风景如画的茶田之上

茶田之上有个家

美食，故事，都从这片茶田开始。

茶田吾舍，是设计师出身的老板兼主厨林玮开的餐厅。

在一片苍茫的绿意中，它显得遗世而独立。

这里最棒的地方就是独一无二的自然环境，独揽着青芝坞最高的视野，在杭州都算是极为宝贵的。

餐厅闹中取静，建在小坡上，被茶田包围，居高临下，视野极佳，餐厅里的大部分位置，都能看到外面绿色的海洋。江南的自家茶田很少有如此层次错落像梯田般的韵律，这一片实属罕见。茶田、蓝天、木桌、芳香，让人心生向往。

比起那些群落式的街区商业化模式，茶田吾舍更像是一个侠客隐居的房子，走出去就是红尘，跨进来便能安然避世。这里烟村成趣，阡陌交通，鸡犬相闻，既有家常的美味，又有天马行空的创意菜，堪称宁静版的聚贤山庄。

为了符合它的茶田气质，茶田吾舍的装修几乎全用了原始的材料，青砖水泥墙、木桩门把手、老旧木板、亚麻纱帘、翻新的旧家具……一派古朴怀旧的基调，尽显年代感。

$\dfrac{1}{2}$　　1. 天然气质的茶田吾舍招牌　　2. 创意包房外就是一片绿色茶园

　　这间餐厅有小情调，又不失小清新。这里的环境，四季皆宜，被很多媒体报道，"春天适合郊游的餐厅""秋天适合赏桂花的餐厅""冬天适合聚会喝茶的餐厅"说的都是这里。

　　茶田吾舍餐厅吃的是创意，看的是风景，品的是每个角落都透露出的古朴怀旧的风情。

茶田吾舍就建在一片茶园之上

## 奇葩菜大汇合

虽说茶田吾舍的菜名会让人颇费心思，基本属于乱炖加搞笑。

比如一道"馒头爱上冰"，听着是个有趣的名字，其实就是将馒头切成条炸得酥酥脆脆的，蘸上冰激凌吃，味道很棒，就是热量有些高。

九制陈皮虾，配得上"销魂"二字，也是每桌必点招牌菜。广东人最擅长把陈皮入膳，茶田吾舍借用了这个思路，在虾里只加了一小块陈皮，成就了这道艳惊四座的菜色。鲜美的虾肉中浸润透出陈皮酸甜的味道，入口便欲罢不能。

如果你喜欢吃咸蛋黄，可尝尝"咸鸭蛋嵌肉"这道菜，蛋黄沙沙的，三颗鸭蛋底下垫了半碗米饭，就像平时在家蒸米饭时，为省工夫，电饭煲上总要搁个馒头一样，同时

出炉，感觉特别亲切。

听过了这些奇葩菜名，是不是突然也有种胃口大开想尝一尝的欲望呢？

## 餐厅资讯

地　　址：杭州市西湖区青芝坞石虎山路1号

电　　话：0571-87018969

人均消费：70元

特色推荐：馒头爱上冰、九制陈皮虾、咸鸭蛋嵌肉

# 四眼井

## 客栈的原色天空

　　虎跑路上的四眼井，因有四口杭州最古老的水井而得名，遍布于这里的客栈更让这里为人们所熟知。在这里，你会遇到志同道合的朋友，会听到来自世界各地的声音，会分享到不同的故事。

　　这里的客栈各有各的特色。无论是浪漫到极致的"漫居"，慵懒得只剩发呆的"懒墅"，四季斑斓的"茶香丽舍"，都会带给你不一样的视觉感受和身心享受，承载着最美妙的旅行时光。

　　不少客栈主人都有点理想主义，开民宿不只为赚钱，也喜欢结交朋友，分享彼此的故事。他们的主观色彩、个性倾向都很浓，如果谈得投机，可能就会成为很好的朋友。

　　四眼井离西湖不远，散步或骑行都是不错的方式。而附近的虎跑梦泉更是西湖新十景之一。"西湖龙井虎跑水"，被誉为西湖双绝。凡是来杭州的游客，无不以能身临其境品尝虎跑泉冲泡的西湖龙井为快事，所以现在四眼井不少客栈都提供西湖龙井和虎跑泉水，供客人品尝，有的偶尔还会组织客人清晨去虎跑打泉水。

　　除了客栈，四眼井也有几家口碑不错的餐厅，"马灯部落"由青旅转变而来，生意火爆，而以文艺风格著称的"隐上"花园餐厅，也一直拥有着颇高的人气。

## 漫居主题度假酒店
—— 如果浪漫是一个国度

杭州的客栈小巧精致的居多，一般都是独栋的洋房带花园，五六个房间是常态，两三栋在一起的已属大户。直到遇见漫居，才发现，杭州还有把客栈做得这么有规模的地方，拥有着你能想到的几乎所有功能，餐厅、酒吧、茶座、咖啡馆一应俱全，简直就是一个理想国。

◆ 客栈特色

- ◆ 融合各种浪漫元素
- ◆ 海盗船酒吧定期有演出
- ◆ 拥有一大片私家茶园

### 将浪漫做到极致

阳光晴好的午后，从古井三路走近"漫居"，心顿时安宁下来。一棵绿树和昂首奔跑着的梅花鹿涂鸦，泄露了漫居度假酒店自然原生态的主题，如同它的英文名"Meander tree（弯曲的树）"所表达的那样。

随着指示牌探寻，很容易找到入口。两扇古老厚重的木门敞开着，里面装修得很特别，铁锈黄的仿古地砖、水波状的欧松板、灰白色的沙石墙面配合着层叠的造景，恍惚回到印度杰西梅尔的沙漠餐厅。奇怪的是，如此别致的入口，却没有一个人。

走到空置的吧台，上面摆着一块桌牌，写着"这里真的不是前台，酒店前台继续往前"。原来很多人和我一样，被固有的传统酒店入口即是接待大厅的布局所迷惑，以为这里就是前台，其实，漫居大有内容。

穿过这个别致的前厅，才是漫居的主体，景观显眼位置挂着一块指路牌，标示着

古井二路上漫居的森林感迎面扑来

"一号楼""二号楼""三号楼""五号楼""六号楼""原味餐厅""洗手间""停车场",显然,这是一家比我想象中大得多的民宿型酒店。别墅、鲜花、海浪、茶园、阳伞、巨大的海盗船,一旁打盹晒太阳的猫猫狗狗……众多混搭的浪漫元素,让整个空间极富诗情画意,漫步至此,经常浪漫得容易让人迷了眼。

## 乌托邦理想国

作为民宿,漫居拥有着你能想到的几乎所有功能。这里餐厅、酒吧、茶座、咖啡馆一应俱全,满足客人所有的要求。

你可以选择在漫居住一段时间,哪里都不去,什么都不想,仅仅只是发呆,过着慵懒闲散的小日子。白天,你可以在露台晒晒太阳听听歌,也可以踩着拖鞋去后山的茶园走走,到了晚上,钻进酒吧小酌一杯,或是坐在月光下与亲密爱人深谈,都是不错的选择。

海盗船咖啡酒吧的造型是一艘木质海盗船,里面用渔网、救生圈作装饰,摆放着一批竹制桌椅。在这里,你可以聊天,可以喝茶,可以约会,可以蹭网,你能想到的,在这里都可以实现!还可沿着木质楼梯走上二层,上面是眺望漫居很好的视角,也能在海

213

漫居后面就是一大片茶园

设计出彩的服务总台

盗船的窗户里看到一层的酒吧全景。这里周末的晚上经常会有一些歌手来演出，若是碰上了，不妨来看看。

漫居的主楼，用一圈蓝色水浪的造型板圈围，由木质廊桥蜿蜒串联。一楼是中式的原味餐厅，里面是复古的中式桌椅和简约的造型，在这后面，便是一大片茶园。二楼是真正的前台，设计另类中不乏温馨，高背沙发、红色邮筒、手工黑板、海星灯、高脚凳，粗糙的白墙上挂着"最佳情侣酒店"的奖牌，想必与"浪漫"密不可分。

## 只看见诗和远方

漫居依山而建，错落有致。主体建筑的一楼接待大厅，实则是另一面原味餐厅的二楼，行走其中，总是处处都会产生惊喜。

而他家的房间，更为宁静私密。每一栋别墅都有自己不同的属性，房间也都有着不同的名字，各自有自己的设计风格，拱门、飘窗、露台、挑空、岩砖……每个房间都各不相同，唯一相同的，是都拥有鲜花、挂画、艺术品和舒适的床品，超大落地玻璃前的棉麻窗帘厚重地垂落在房间，露台上各色鲜花竞相开放，阳光下的竹藤圈椅在防腐木阳台上独享一片宁静。

阳光正好的中餐厅

　　在熟悉的城市过久了一成不变的生活，往往会期待诗和远方，而兼具品质和艺术感的漫居度假酒店，应该能够给远方的来客一个惊喜。

　📍 客栈资讯 ────────────

地　　址：杭州市西湖区虎跑路四眼井58号（近杭州动物园）
电　　话：0571-87979158
预订方式：网络/电话
房间价格：324~852元

# 茶香丽舍
## ——许一个梦的斑斓

每个人都有一个梦想的旅途。这个梦想里，也许会有风景，有过客，有美食，而最不可缺少的，就是旅途中暂时停留的家。位于四眼井的茶香丽舍度假民宿，就是这样一个能够让人驻足停留并有『家』的感觉的地方。

◆ 客栈特色

◆ 诗意的庭院
◆ 老板亲自打理客栈

在色彩斑斓中等你

"我来杭州时住过一家民宿，叫'茶香丽舍'，在四眼井，住了好几天，至今印象深刻，推荐你去看看。"当朋友知道我在走访杭州民宿时给我提出提议。

一个午后，我独自上山寻访。

茶香丽舍民宿，隐在四眼井古井一路最上端的小路上。

走到门口，便能看到一个欧式的花园门拱立在那里，挂着"茶香丽舍"的招牌。往里走，两幢中西混搭风格的鹅黄色建筑交错建在小山坡的观景平台上。通透的玻璃阳光房，防腐木铺设着，欧式庭院中的喷水池边，草地、鲜花、吊篮、藤椅，无处不透露出慵懒与悠闲。

主人老倪正在花园，他是一个杭州通，非常可亲。朋友一直对老倪夸赞有加，称他对杭州的吃、住、游了如指掌，常常会热心地为客人安排每天的行程。杭州哪里最优美，哪家店最好吃，都可以从他这里询问到。有空的时候，他还会泡一壶好茶，与来自天南海北的客人围着茶桌聊得火热。

茶香丽舍一共有二十九个房间，每个房间都是不同的风格，中西混搭的装修，每一

1. 层叠错落的茶香丽舍在阳光下尤为温暖　　2. 房间装修十分小清新

间都很有特色。这里特别适合小住度假，清新的空气，宜人的景色，梦幻般的房间，以及迷人的山景，虎跑后山、南高峰、青龙山都历历在目，每当下雨，山上云雾缭绕，如在仙境。

　　老倪在院子里种了很多花和果树，不同的季节都会有不同的风景和果实。热爱生活的掌柜总是会把各个时节最美的风景和当下的心情通过微信公众平台给所有热爱自然和茶香丽舍的朋友分享。

1｜2　　1. 房间的摆设很复古　　2. 茶香食堂有家的味道

在这里，泡壶茶、拿本书，坐在露台上，可以享受整天悠闲的惬意时光，若是恰逢春天，茶香丽舍会开炒明前龙井茶，绿茶独特的香气会飘满整个院落，着实符合"茶香丽舍"这一诗意化的名字。而主人，则会坐在满目翠绿的茶香中，等待下一个你的到来。

## 送你一个诗意早晨

茶香丽舍有自己的厨房，只提供给住店的客人。

茶香丽舍的餐厅能看到江南山景、远山、露水、花草，结合在一起便仿佛具有了仙气，尤为美丽。每天早晨，厨房都会准备好美味的早餐给住店的客人享用。

在朦胧中醒来，推开仿佛童话中的小屋门，走到小院中的餐厅。看着窗外无限美景，享受着美好一天的开始，心中充满了幸福感。若是恰好碰到雨天，淅沥的雨，轻轻拍打着窗，拍打着树叶发出细碎的声音。细细密密的雨丝，慢慢连成一片，如同一支舒缓的童谣，滴滴答答，心中唯留一片澄净安宁。眼前所有的一切，在烟雨迷蒙中更是一片茫然，一片似真似幻的迷离。

一杯好茶，一勺泉水，一颗清静心，处在茶香丽舍中，驻足，聆听花开的声音，静静地守望着生活与岁月的点滴幸福……

## 📍 客栈资讯

地　　址：杭州市西湖区虎跑路四眼井212号
电　　话：0571-87152030
预订方式：网络/电话
房间价格：360～780元/间

# 懒墅庭院
## —— 贩卖温暖的慵懒

对于旅行的定义，每个人不尽相同。有的人喜欢打卡式地赶景点，只为在有限的时间内多看一些未见的新奇；有的人喜欢悠悠地去走走，只想全身心地去体验当地人的生活；还有的人，可能只是懒懒地待在客栈休息，哪儿都不去，什么都不想，只是这样，懒着。

懒墅，是第三种人梦想中的旅舍。

◆ 客栈特色

◆ 慵懒的氛围
◆ 现代田园风格
◆ 后院有一处绿意盎然的休息区

就想窝在旅途

初闻懒墅的名字，就有一种莫名的喜爱，脑海中想到的景象，是一只虎皮斑纹的肥猫，懒懒地躺在阳光下，眼皮都不愿意抬一下。旁边一位女子，穿着棉麻布艺，坐在藤制圈椅上，喝着花茶织着毛衣，一坐就是一整天。

带着这个美好的憧憬来到懒墅。这是一家文艺复古又清新自然的咖啡民宿，三层楼高，四层还有一个阳光房。入口的玄关陈列着琳琅满目的小物件，相机、明信片、吊篮、富贵竹、唐卡、装饰画、陶罐、打字机、地图、电视机、印度手鼓，还有一把极显眼的"懒"字蒲扇和一组慵懒的桌椅小品，就像一个小型展示馆，看起来没有章法，却处处透露着随意慵懒的气质。

一旁的黑板上画着当下提供的食物和饮品，有老板娘最爱的紫苏香肠，有让店长朝思暮想的蓝莓土司，还有或浓或淡由你掌握的咖啡。

吧台上彩色毛线团组成的造型最让人过目不忘，各种颜色的混搭很是显眼，想来女主人是打算在这里织着毛线懒一辈子。

后山的庭院别有一番情趣

## 不需要理由的慵懒

懒墅一层的公共空间很大，大到我都觉得有些奢侈，却很符合慵懒的主题。咖啡区靠窗的卡座由白色纱帘轻轻隔断，若隐若现，恰到好处。茶具、绿植、装饰画和老旧工艺摆件随意但耐看地摆放着。

顺着楼梯走到楼上，可以望见后院有一处很大的休闲区，天气晴好的时候，坐在绿荫下的吊床上或遮阳伞下的藤椅上都是最享受的了，若是恰逢桂花盛开的季节，闻着阵阵桂香，品一杯西湖龙井或是来一碗桂花西湖藕粉，那真是再惬意不过了。

懒墅的房间风格简约，都是原木和白墙的自然搭配，灯具是时下流行的工业风格。落地玻璃直面阳光，窗前的茶几上摆放着茶具和木盒子里的手工龙井，任由阳光暖暖地照下，有着轻描淡写的味道。窗外，是楼道上看到的那个小院，有几组白色的藤编桌椅，芳草萋萋、绿柳成荫。

楼梯间旁，粗糙的工业式白色墙壁上写着一些动人的小句子，仿佛内心的声音。

| 1 | |
|---|---|
| 2 | 3 |

1. 用线轴做成的吧台很有创意　　2. 走道上有很多温暖的文字　　3. 有趣的房间门号

"还记得山顶的风吹过，轻轻唱一首关于青春的歌""听从心中的声音，将梦想进行到底""俗世黑夜，请轻轻地行走"……在这里，时间不再变得奢侈，一切变得慵懒而随性。你尽可以安然地闲坐，在发呆间肆意挥霍时光。

这或许就是你期待的另一种生活。


📍 客栈资讯

地　　址：杭州市西湖区虎跑路59号(少儿公园停车场内)

电　　话：0571-86732175

预订方式：网络/电话

房间价格：299～449元

马灯部落
—— 我有酒，你可否有故事

不知为何，我总喜欢把杭州的『马灯部落』与丽江的『大冰的小屋』相比较，杭州不是一个适合流浪者栖息的远方。但这里，却同样有血性，有诗酒，有情怀，有梦想，有故事。

◆ 餐厅特色

◆ 豪迈的西域风情
◆ 有酒有肉有故事

## 以梦为马

杭州是国内城市中，一座既极具文艺情怀，又不失豪情的旅游城市。

杭州不乏有志之士，同样也拥有无数流浪的心。这点，从马灯部落日日爆满的生意便可得知。

有人说，来到部落的人，都是有故事的人。我想，即使没有故事，也是期待发生故事的人。

从四眼井的古井一路上山，需要走过一个长坡，才能走到山顶，对体力差的人来说，这不是一段轻松的路，但到达山顶后一览众山小的风景，会让你感叹这段路程的值得。

山崖上，一栋三层小楼粗犷地矗立在山头。原始的石壁上，用颜料写着一些有趣的文字，字字句句，都带着江湖人的脾性和意气。仿佛提前告诉你，你将到达的，是一个极具江湖豪气的地方。

1 / 2 | 3

1. 斑驳的马灯部落有着坎坷的故事　　2. 白天依然开着的羊皮纸灯

3. 很有民族特色的室内装修

## 煮酒论英雄

走进这座并不整齐的小院，里面零散地摆放着几组木质桌椅，右边是一组高高架起的水吧，水吧中最显眼的，莫过于叠放着的好几大木桶的扎啤。一旁的原型粗木上，挂着破旧的羊皮纸，写着一些文字，关于旅行，也关于晃荡。这些文字，让马灯部落的情怀、态度和血性清晰可见。

室外的豪放，到了室内也并没有收敛，马灯部落室内的装饰也一样粗犷随性，红色砖墙和粗糙毛石隔断下，随意摆放着民族装饰：四川的烤火盆、尼泊尔纸灯、藏饰工艺品、东巴许愿墙、转经筒、老相机、水烟枪、切·格瓦拉的头像……让我们很容易回想起曾经踏足在路上的日子，那些追梦的远方。

这里点菜的方式，也同样与众不同。餐厅门口有一块大黑板，上面写着菜名，客人都是站在这里点菜。听着菜名都觉得很豪气：部落非式烤羊腿、部落非式烤羊排、北大荒驴肉、地中海蔬菜锅。

## 激情燃烧的岁月

然而这家让人激情燃烧、豪情万丈的部落餐厅，曾经却是一家极具特色的青年旅舍。可是，2013年年底的一场大火，将这里烧为灰烬。因为这幢老房子是木质结构建筑，客人不小心打翻火炉，酿成了巨大的损失，幸好没有人员伤亡。当时马灯部落的主人就说，他们会以新的姿态重新回来。

再回来，这里不再是青旅，而成了一家红火的餐厅。情侣小坐、朋友聚餐、家庭聚会，都可以来这里，一群人听着经典的美国乡村民谣，品着独特的代表爱情、友情和亲情的部落三梅酒，尽情放松；或者，也可以独自一人来到部落，找一处角落，来一扎啤酒，看看晚霞，吹吹风，发发呆，想想心事，全然忘我地享受微醺下那种飘然的感觉。

### 📍 餐厅资讯 ————————————

地　　址：杭州市西湖区虎跑路四眼井238号
电　　话：0571-86989975
人均消费：70元
特色推荐：地中海蔬菜锅、部落非式烤羊腿、部落非式烤羊排、北大荒驴肉

## 隐上花园餐厅
### ——你好，小确幸

在四眼井的小山坡上，有一家文艺小清新范儿十足的餐厅，白墙黑瓦的独栋建筑上，写着大大的『隐上』，非常显眼。门口有一只极为漂亮的五彩鹦鹉，会依着它的心情对来客说『你好』『欢迎光临』，常常引客人开怀。

◆ 餐厅特色

◆ 文艺范儿十足
◆ 门口有只会说话的鹦鹉


### 四眼井的小插曲

杭州有一种属于自己独特的文雅气质，是一种骨子里透出来的文艺。在杭州，无论吃、住、行，都喜欢讲一个调调。

杭州人爱美食，更爱美食的环境。光有味道或是光有环境都不行，价格也是很重要的。

在四眼井这片以民宿主打的小区域，有一家这样的餐厅独树一帜，这就是"隐上"花园餐厅。

沿着四眼井的山路一直往上，能看到一幢白墙黑瓦的建筑，墙上写着"隐上"。从优雅的名字就能感受到浓浓的归隐意味，恬淡、安静、环境清幽、气氛随意，这是一家充满小资情调的餐厅。

这幢灰白建筑的旁边，是一个下沉式花园，有着曲径通幽的园林式小院，对面错落着几幢房子，围合成一个隐蔽的空间，组成了完整的"隐上花园餐厅·酒吧"。

仅是一眼，便让人爱上了这里的环境。

隐上 FUSION RESTAURANT

www.fusion-hz.com

隐上花园是四眼井口碑最好的餐厅之一

1 | 2 | 3     1. 主打招牌菜三杯鸡    2. 口味绝佳的千岛湖鱼头配年糕    3. 酸甜美味的菠萝油条虾

## 味蕾乌托邦

隐上花园的门口，有一只极为漂亮的五彩鹦鹉，几乎见到的人都会与它逗趣一番，而它心情好的时候，也会与人回"你好""欢迎光临"，吐字标准，语气呆萌，总是很得小朋友们的欢心。

隐上花园做的是杭派的创意菜，最有名的是以隐上为名的泡饭，里面放了蟹肉棒和海参，小份也足够两人吃。

三杯鸡很符合江南口味，咸中带甜，透着茶叶香和蒜香，浇着蜜汁的鸡块，用老旧的铁锅摆盘。色泽油亮，鸡肉香嫩，口感不错，但吃不惯甜食的人不一定会喜欢。

菠萝油条虾也是杭帮创意菜的代表，油条包着虾肉，与菠萝的酸味中和，上面浇上色拉，配着圣女果和黑芝麻，酸甜开胃，女孩应该会更喜欢。

千岛湖鱼头配年糕分量很足，鱼头鲜嫩入味，年糕很有嚼劲，也是典型的杭帮口味。

在这个远离城市喧嚣的花园餐厅，卸下所有防备，让视觉与味蕾来一次双重享受，也是体验杭州不错的选择。

📍 餐厅资讯 ────────

地　　址：杭州市西湖区虎跑路四眼井228号(近动物园)
电　　话：0571-86093676
人均消费：80元
特色推荐：隐上泡饭、三杯鸡、菠萝油条虾、千岛湖鱼头配年糕

# 满觉陇

## 在山谷里隐居

杭州的珍贵之处，在于平衡和兼得。既有热闹的夜生活，也有清净的山里人家；既可以在写字楼里奋斗拼搏，又可以一个转身，就来到景区，卸下一身的疲乏，两耳不闻窗外事。即使是冉人卢鼎沸的节假日，这里都可以找到清闲幽静之处，只听得到山间的风、林间的鸟和自己的呼吸声。你可以一个转身，就忘记自己是身处在大都市中。

对满觉陇的偏爱，是一个偶然，应了天时地利人和而生爱的逻辑。这是一个很恰到好处的文艺小清新区域，恰到好处地连接了西湖与龙井，是南高峰南麓的一条幽静的山谷，闹中取静，避开了西湖的嘈杂喧闹，因桂花而闻名。每到秋天桂花盛开的季节，香满空山，落英如雨，故有"满陇桂雨"的美誉。

因了这样的美景，满觉陇的民宿在三四年前如雨后春笋般冒了出来，每一间民宿都风格各异，每一家旅舍都能追溯一个故事。

水乐洞附近是满觉陇民宿的扎堆地，无论是独占一处山头、日式风格、以手工咖啡出名的"飞鸟集"民宿，还是地中海风格的"悠山庭院"和有家一般温暖娴静的"朗园"，各有各的特色。这里是满觉陇的景观精华位置。早晨醒来，推开窗户，会发现自己身处云端山谷间，轻纱薄雾，如梦如幻。

而靠近主路也有不少民宿，如"若隐""漫村""卡若莲"，还有"过客"青年旅舍，这些民宿都很好找，但景色就一般了。满觉陇整条街道餐厅不多，晚上吃饭是一个问题，但有不少既能喝茶又能吃饭的农家乐。这些农家乐在桂花季是最兴旺的地方，本地人喜欢来这里的桂花树下打牌喝茶，而别的季节，你尽可以享受到属于满觉陇独有的安静与清闲。

# 客栈
## KEZHAN

飞鸟集
——心与月俱静

『天空不曾留下鸟的痕迹，但我已飞过。』《飞鸟集》是印度诗人泰戈尔的代表作，也是世界上最杰出的诗集之一，但同时，杭州上满觉陇村里一家清雅的民宿也叫作『飞鸟集』。如同诗集中那样，这家民宿注重运用自然元素，集合着鸟语、花香、星空，一切仿佛浑然天成。

◆ 客栈特色

◆ 拥有露天大庭院
◆ 杭州最早的日式手工冲泡咖啡

### 心境如明月

听闻飞鸟集已多年，走进这家店，是在一个初夏安静的午后。

寻着路牌上山，走个百来阶山路台阶，便可以看到白墙黑瓦的独栋建筑，上面挂着设计简单的三个字"飞鸟集"。

推开门口的木栅栏，庭院木质休闲阳伞下坐满了谈笑风生的客人。

老板程文彬是首批将手冲咖啡引入杭州的人，所以，飞鸟集是一个带有咖啡馆的民宿。飞鸟集的一楼是日式风格的咖啡馆，同时也是住客公共活动、休憩的区域和早餐场所。二楼、三楼是客房，一共十三间。

此时，老板程文彬，正绑着头巾，在吧台安静地冲着他的手工烘焙咖啡。这是一个内心宁静的男子，有些高冷，似是敷衍，只专注做自己喜爱的事物，不浮夸，不张扬。与他聊天，也是如此。他自称是在这里"上班"，因为每天吧台都排有他的班。程文彬的手冲咖啡，是飞鸟集的一绝。

飞鸟集是下满觉陇最早的民宿

大多数客人喜欢坐在户外

1 | 2 | 3　　1. 室内整体风格干净简洁　　2. 榻榻米是客人们最喜欢的区域
　　　　　　3. 全木质的楼梯很有味道

　　谈到飞鸟集的名字，程文彬只是浅浅一笑，因为店在山间林中，每天都会有很多飞鸟飞过。无关泰戈尔，无关风花雪月。这个名字的由来原来并没有我们想象的那么诗情画意，而是自然而然取的。

　　无欲则刚，才是艺术的最高境界。摆脱世俗的眼光与标准，执着于自己的内心，才能品味出真正天然纯净的美。

## 林间集来客

　　"远山。近林。可小酌。宜安眠。"是老板程文彬对飞鸟集的概括。

　　程文彬希望飞鸟集能让客人有自由自在的感觉。他说，现在为了迎合市场而做的民宿已经太多了。对于飞鸟集来说，这里不需要与市场同步，保持自己的风格就好。

　　因为老板曾在日本待过很多年，深受日本文化的影响，所以，飞鸟集整体风格也是日式与中式的结合。庭院很简单，木地板、青砖和绿植的结合，配上一些桌椅，几把阳伞，与满觉陇的生态环境融得很好，是朋友聚会聊天喝茶的好地方。建筑外侧的木质廊道有一排向阳的竹制座椅，阳光好的时候适合坐在这里发呆晒太阳。室内装修自然、简单，原木家具、榻榻米，搭配着蓝印花布、原木工艺品、摆件、绿植和书画作品，布置淡雅，清新自然，原生态中带有一点日本京都的味道。

## 山静似太古

飞鸟集与别的民宿的另一点不同，是非常低调。老板不爱与媒体打交道，也不宣传自己的店，你几乎无法看到他的报道和访谈。即使是要预订房间，也无法在携程、艺龙、去哪儿网等订房网站上找到，只能通过他自己的微客栈预订。即使如此，这里仍旧天天爆满，很多房间都要提前很久才能预订上。

飞鸟集的服务态度也有自己的特点。既不过分热情，也不至于疏远。如同君子之交，平淡如水，让人觉得不做作，也更为长久。

飞鸟集，就是这样一家始终与人保持不远不近的距离的民宿。

### ⦿ 客栈资讯

地　　址：杭州市西湖区满觉陇村杨家山1号
电　　话：0571-86460461
预订方式：微客栈（http://wx.miot.cn/i-18347）
房间价格：150~740元

# 朗园客栈
## ——薄雾浓云暗香涌

朗园，一家低调的民宿，开在满觉陇杨家山头。民宿主人是地地道道的杭州本地人，因为想找一个休养生息的避世之处而选择了这里，他和他的爱人用心把朗园打造成了旅途中温暖的『家』。主人曾游历四海，带回很多故事，如果有幸能与他聊聊，一定能带给你很多启发。

◆ 客栈特色

◆ 杨家山位置最高的民宿
◆ 主人是个健谈有故事的杭州人

## 山谷中安家

民宿最初的定义，就是当地人的"家"。然而，随着民宿市场的发展，中国更多的民宿主人把民宿做成了"让客人居住的地方"，而非"自己居住的地方"。

朗园与大多数民宿不同的是，它的主人就住在这里。说起当初选择这间房子，主人可是花了不少心思，选址时走了好几个山头，最终找到这个既处于热闹景区，又避离喧嚣繁杂之处。由于地势稍高，可以远望山景起伏云霞变幻，四周绿树成荫鸟语脆鸣。主人找到后立马就签了合同，因为这里与自己理想中的"家"很符合——依山而居，日落而憩，煮一壶茶，独揽一方天地。

主人选择了整栋建筑最高处视野最好的房间作为自己的卧室，其余十五间做客房，其中两个套房、两个标间，剩下的十一个都是大床房。他按照自己的喜好精心打理，把朗园做成了一个真正意义上的"家"。

朗园最出彩的，是他家的院子，做得很有格局，秋千和眺望台都很适合文艺青年们小憩。鲜花盛开的时节，在阳光下品一壶茶闲坐，或二三好友畅聊，都是极好的享受。主人也会根据季节的不同种植不同的花木，使庭院散发出不同的芬芳。主人本身是建筑

立面缤纷的色彩显得很活泼

朗园有一个浪漫的庭院

最喜欢坐在这里，面朝山谷。

朗园房间的采光很好，房间舒适

设计出身，这里所有的一草一木、一砖一瓦，都是他自己设计并监理建造的，所有的软装搭配和后期维护，也都依着自己的喜好和性格而来，更多地追随自己的内心。

## 广交天下友

民宿就该有自己的特色，而民宿主人，更应该有自己的态度和坚持。

如果有机会和朗园的主人打交道，就会发现他的有趣。

他是土生土长的杭州本地人，对周边的环境和美食都很了解。主人很健谈，若是志趣相投，可以聊上一整天，他可以给客人推荐很多有意思，而人却不太多的景点和游玩线路；心情好的时候，他还会带客人去吃那些偏门小巷里口味绝好的当地菜，这绝对是别的地方吃不到的美味。

客栈经常能收到来自世界各地的礼物，都是入住客人寄的，这也都是因为主人本身很爱交友，常常和客人成为朋友。于是一来二往，这里便成为他广交天下友的场所。每年，都会有由客人变为知己的朋友，从远方特地过来看他。所以，他说开民宿这些年收获最多的，非"朋友"莫属。

## 📍 客栈资讯

地　　址：杭州市西湖区满觉陇村杨家山18号

电　　话：18969035186

预订方式：网络/电话

房间价格：338～768元

悠山庭院度假酒店
——山间一抹白

满觉陇原本只是一个山谷，现已渐渐发展成了如四眼井一样的民宿集中地。光是杨家山一个山头就有八家民宿，每家民宿都有自己独特的风格。在朗园隔壁，就坐落着一家以蓝白色调为主的浪漫庭院式民宿。偌大的白色庭院，种满了鲜花，放眼望去，满眼绿色，几组桌椅慵懒地散落在庭院之中，这家风格明显的花园民宿就是『悠山庭院花园』。

◆ 客栈特色

◆ 地中海式风情民宿
◆ 拥有很好的庭院风景


悠然见南山

　　顺着满觉陇杨家山的山路上行不远，就可以看到一座白色的庭院花园，墙上用唯美的字体写着"悠山庭院"四个大字。蓝白色的主色调，处处都显示出这是一家地中海风格的花园民宿。

　　"悠山庭院"的名字，取自"采菊东篱下，悠然见南山"的诗句，"南高峰，南山间的悠然自得"这是主人悠悠给这家民宿的定义。悠山庭院地势较高，满眼绿色，景致绝佳。主人觉得，在山野的闲趣中与城市的便捷中寻找一个平衡是关键。这里依山而居，春夏秋冬四季各有风情，在这里可以尽情放空一切，犹如隐居山野，过着悠闲的生活。选择来此的客人，都是想要短暂"隐居"的，为此，牺牲一些交通上的便利还是值得的。

　　当然，考虑到大多数游客都是第一次前来，交通不便是一个大问题，为了照顾找不到的客人，主人特意安排了一辆私家车，随时能够下山接送有需要的客人。

　　即使交通稍有不便，这里仍然成为文艺青年的最爱，几乎天天爆满。

犹如地中海边的庭院

1 | 2　　1. 悠山庭院还提供一些饮料和甜点　　2. 墙角小景

## 半山腰上有人家

悠山庭院花园客栈共有11个房间，大部分都是大床房，服务对象以情侣、家庭为主，只有一个标间，每个房间的风格都各不相同。

由于主人悠悠在开民宿之前做的就是软装设计，所以悠山庭院的装修都是自己设计，自己装修。店里的装饰品，都是她旅行淘回来的。她曾去过国内外很多风格各异的小镇，并将美好之处铭记于心，而悠山庭院，就是悠悠心中的理想与现实生活的结合，完成了内心最期待的部分。

悠山庭院的服务也很用心，这里每个房间都送虎跑水和绿茶，离开时店主还有小礼物作为心意。而早餐，更是设计了中式、西式两种风格供客人选择，努力在服务上全方位地完善自己。

若是桂花季节来到这里，悠山庭院会给你更好的体验。庭院中的桂花全开，满园飘香，三五友人相聚一齐，享受着人潮散去后的满觉陇，另一番的清幽宁静。

### 📍 客栈资讯

地　　址：杭州市西湖区满觉陇村杨家山21号

电　　话：18072768080

预订方式：网络/电话

房间价格：338～768元

# 清蝉轻奢酒店
## ——桂香深处有禅风

从虎跑路转到满觉陇路的转角边，有一组风格独特的现代雕塑，一比一的人形雕塑坐在一组巨大的标识系统旁，仿佛在思考着什么。这里就是『清蝉』，一家轻奢型酒店。这家酒店设计感极强，服务贴心、注重品质。

◆ 客栈特色

◆ 设计型度假酒店
◆ 轻奢禅意风

清蝉来鸣

初夏的杭州，雨季。

午后暴雨不期而至，来到这座红砖原木搭建的独栋建筑，翻开了一段久违的记忆。

雨后初晴的湿润，让人爱上绿色的江南，尤其在满觉陇路这样具有细腻情愫的绿荫小道。

走进一个设计典雅的院落，里面一幢全红色砖瓦建筑，楼下牌子上写着：更好的故事即将发生。

满觉陇路上的民宿酒店不计其数，但主打轻奢禅风的清蝉最令人过目不忘。

清蝉颇具江南风范，大气时尚中隐约透露着一股禅意与宁静、简约与舒适。

但更多的人，愿意把这里当作一间精品酒店。绝佳的地理位置和自然的装修风格，加上体贴入微的人性化服务，使清蝉的入住率很高，所以入住要提前预订，要不很可能没有房间。

每个房间都有茶艺区

蝉饮晨露

清蝉请到了设计杭州大厦LV旗舰店的首席设计师黄杨亲自操刀设计，这里的老板也曾就读于中国美院，所以店内所有的软装都是请了美院的学生来布置的。

酒店整体面积不小，却只有十七间客房，把更多的空间让给了公共区域。大厅里的每一幅画、每一个摆设都很有讲究，还留出书吧、儿童娱乐区、艺术品鉴赏吧台等功能区。

清蝉的每间客房都各具特色。亚麻壁纸、复古家具、花式地毯，搭配素色的床品，设计感十足。最吸引人眼球的是，每个房间都有一个泡茶品茗的地方，茶席摆放得很是讲究，茶具也都精致有品，透出一股浓浓的禅意风。

更令人惊喜的是，茶席旁边，放着贴心的零食，打开冰箱，里面还有饮料，这些统统都是免费的。早晨，你可以打电话去前台，不一会儿就会有可口的早餐送到房间，而走的时候，清蝉还会根据季节的不同给客人送上不同的伴手礼。这是一个永远比一般酒店想得更多一点的地方，让人心感到温暖。

如同清蝉门口玻璃上的一段暖心的文字：岁月染香，熏暖所有记忆，和你相遇，在每一个花开的季节。

除了满觉陇这家之外，西湖边南山路上还有一家清蝉的分店，各有各的妙处，要安静还是要与西湖离得近，就看你自己怎么选。

## 📍 客栈资讯

地　　址：杭州市西湖区满觉陇路1-1号
电　　话：0571-85170803
预订方式：网络/电话
房间价格：498～1098元

# 过客青年旅舍

## ——老中式演绎新气象

满觉陇是一个民宿和精品酒店扎堆的地方，各个年龄层的客人都能够在这里找到喜欢的住处。而若是90后甚至00后想在满觉陇找个地方住宿，那他们多半会选择这家热闹又有氛围的青年旅舍「过客」。这里就像是一个年轻人的世界，公共区域很大，平时的活动也很多，很容易就能遇见志同道合的朋友。

◆ 客栈特色

◆ 怀旧中国风
◆ 拥有一片专属后花园

### 不再是过客

我是一直很有青旅情结的人，因为青旅会让我想到在路上的日子。

在一间青旅里，你经常可以遇见志同道合的旅友，也许还会成为朋友，让过客不再是过客。

来到满觉陇，才发现，这里就像是鼓浪屿的某个深巷，没有喧嚣，没有嘈杂，只有简单的路牌指引游客前往他们所要去的住处。而过客青旅正是位于其中一个小巷的最里面。

相较于山间的民宿，过客青旅算是好找的了，无论是外观还是内部，整体以木质结构为主，色调控制在红棕色系中，属于比较浓重的怀旧中国风。

推开古香古色的大门，满眼都是古典的中国红。前台旁的留言墙，已经被天南海北的朋友贴得满满的，无论是心情感言，还是车票机票，无不诉说着每个客人自己的故事。吊顶上空悬挂的各国国旗，表达着主人对八方来客的欢迎。

再往里走，发现这里的公共区域比我想象中的大得多，一环接一环，景景不相同。你可能会在抬头间就发现惊喜，老旧的木刻、版画、漆画、工艺品，都洋溢着浓浓的中

过客有一大片景色怡人的后山山景

国传统情调。

正厅是一个中规中矩的中式小厅，有一个大投影，屏幕上面挂着一块大大的木刻牌匾，四个大字"状元及第"赋予了整个空间无形的力量。

## 不只是青旅

说是青旅，其实过客只是公共区域延续了青旅的做法，将吃、住、玩达到平衡。而房间设置，可能更像是客栈。

这里有三层楼共二十五个客房，除了多人间的高低铺床位和双人标准间外，更多的是风格各异的大床房。卫生间是搭配后现代的中国风装饰，既干净又雅致。

房间的风格也都不相同，中式古典、简约田园，精致典雅又质朴平实，既有江南的恬淡秀美，又不失酒店的舒适温馨。房间都比较宽敞透亮，开窗就是满目的绿色，有种隐居于山中的美妙感觉。

据说青旅的设计都是老板自己做的，因为他本身就是建筑出身，所以对美有着自己独特的追求。

过客公共区域一角

1 | 2　　1.自然简单的小清新房间　　2.颜色鲜亮的高低铺床位

旅馆里还有一位"明星"，就是一只叫"格格"的金毛犬。它活泼好动，来者不拒，会热情地与人打招呼，等着人逗它玩。

## 专属后花园

除了房间和公共空间，过客青旅与别家不同的就是拥有一片后山。这个专属的后花园，正是当年老板选择此地的重要原因。

后山被布置成一个很大的户外休闲区，青石、枫树、小花、青草、摇椅，处处透着雅致与安然。户外休闲区可以同时容纳六十人左右在此，这里还搭建了一个大阳光房，提供免费KTV，同一时段可接待两拨人。周末的晚上，这里还会举行烧烤派对，住店客人都可以参加。

天气好的时候，坐在桂花树下玩"杀人"游戏，或是喝茶聊天，呼吸着新鲜空气，时光就这样慢慢流逝。这绝对是你打开杭州的正确方式。

或许过客青旅能够成为你生命中无法忘却的美丽回忆。

## 客栈资讯

地　　址：杭州市西湖区下满觉陇184号（兆丰年间对面）

电　　话：0571-89988987

预订方式：网络/电话

房间价格：床位50元，房间280～480元

# 若隐度假旅馆
## ——山谷里的风

若隐度假旅馆就在满觉陇的主路边，是为数不多不用上山寻觅，环境和位置又不错的民宿。位置显眼易找，花园浪漫温馨，大堂精致古典，是很文艺的地中海欧式混搭风格民宿，曾被评为「最受情侣欢迎的民宿」之一。

◆ 客栈特色

◆ 地中海欧式风格
◆ 情侣宜居之所

## 满园桂香藏不住

若隐度假旅馆隐于"满陇桂雨"中，就在主路边，无论是开车还是徒步，都很容易找到。若是乘坐公交前来，水乐洞站下车便是。

旅馆整体以地中海欧式装修为主，文艺风格的院落，精致又不乏古典。因为从路边加高了地基，所以旅馆的围墙特别高。从侧面石台阶上行，就能看到红砖墙上一块很大的招牌，再往上几步，就是花园。

打开花园木格栅院门，欧式小清新风格便扑面而来。花园中满眼绿色，白色的秋千和欧式桌椅点缀其间，配上欧式落地灯和景观水池，一派温馨柔和的景象。主人显然是个爱花之人，院落里种植着不同的植物，除了高大的桂花树和柚子树、多肉盆栽之外，还有各种不知名的花草和藤蔓点缀其间。天气好的时候，坐在院子里品品茶、看看书，一定很惬意。

地中海式的圆拱门浪漫而温馨

室内浓烈的色彩基调与户外形成对比

沿街的庭院因为加高了地基而显得尤为安静

室内浓烈的色彩基调与户外形成对比

## 开门即见山

花园的另一侧是房间，房间统一用的白色圆拱门、白色玻璃窗、白枫木板墙壁，每个房间都开门见山，一楼的房间门外会有一个六平方米左右的漂亮小院子，四周围着原木围栏，挂着红白条纹的雨篷，摆着白色的铁艺桌椅，午后可以在这个小院子里品尝花茶或咖啡，晒着太阳，享受一份山中独有的宁静。

若隐总共有三层楼，房型各不一样，都布置得温馨浪漫。欧式大床、贵妃浴缸、半开放卫生间、韩国牙刷、家庭装洗浴用品一应俱全，是最适合情侣的民宿。和满觉陇大多数客栈一样，这里也会提供免费的龙井茶，还会在四季提供不同的甜品，让远道而来的客人有回家的感觉。

主人很注重服务，早餐可以拿到房间食用。如果提前约好入住时间，会提前一小时为客人打开房间的空调，周末的时候，这里还会有BBQ烧烤早餐，当然，这些都是免费的。

当你来到若隐，就是告别钢筋混凝土的世界，尽情享受宁静生活的开始。隐逸于满觉陇的日子，虽然简单，却内心丰盛。每天，你只需要面对阳光、微风和花香，品茶看书，寻找最初的快乐。若恰逢桂花飘香的秋天，则可能随时会迎来阵阵桂花雨，那是若隐最美的季节。

### ⬤ 客栈资讯

地　　址：杭州市西湖区下满觉陇105号

电　　话：0571-87799481

预订方式：网络/电话

房间价格：198～552元

# 西溪

## 与天堂为邻

西溪是来杭州游玩不可错过的部分。这里远离城市的喧嚣，气质与西湖不同，是个可以让人慢下来静下来的地方。如果你第一次来，可以泛舟湿地公园，但若是再来，最好的方式则是"慢"在西溪。这里有杭州唯一的"慢生活街区"，充满文艺气息的餐厅、咖啡馆、特色店铺，适合发呆、喝茶、闲聊，慵懒地度过一整天。

这块土地集合了所有文艺的元素。作家麦家在西溪创意产业园内建立了一座以莎士比亚书店为原型的书店综合体——"麦家理想谷"，文青聚集地"猫的天空之城明信片概念书店"也坐落在西溪花间堂隔壁。如果这些还不够，还可去"西溪天堂商业街区"，那里吃喝游乐应有尽有。

西溪天堂里有如爱丽丝梦游仙境一般的"云水驿青年旅舍"和"云水神马花园"，还有似陶渊明笔下桃花源的日式居酒屋"暗恋桃花源"，有外婆家的旗舰店"穿越"和名气响当当的法式西点店"柴田西点"，还有曾被《舌尖上的中国》推荐过的餐厅以及电影院、KTV等，能够满足游客所有的需要。

慢生活街区
——从前很慢，风景很美

西溪景区中最具人气的，是位于福堤的『慢生活街区』。这里以『慢』著称，林立着多家特色文艺餐厅、咖啡馆、艺术小店，还有可供游客拍照的场景设计，是可以静静晒着太阳停留一整天的地方。

◆ 景点特色

◆ 很多文艺小店
◆ 沿街有慢生活主题场景

### 从前很慢

从前，车、马、邮件都很慢，一生只够爱一人。而如今这个快节奏的世界，让时间变得一刻都不容停留。

外出旅游，奔波于各个景点，拍照留念。这种到此一游的旅游方式，几乎已成为大多数旅游者的常态。游客常常每天起早贪黑，把时间安排得很满，一刻都不让自己清闲。

然而，有时候，我们更应该在旅途中找一个地方，让自己慢下来，发呆、喝茶、闲聊，慵懒地度过一个愉悦而舒适的午后。不用赶时间，不需赶行程，让一切自然而然。

西溪慢生活街区，恰好就是这样一个在旅途中，能够停留的地方。

这里有倡导慢品生活的茶艺馆、有可以懒懒发呆的咖啡吧、有装修别具一格的中餐厅、有懂美食更懂生活的西餐厅、有《非诚勿扰》里的"四姐妹居酒屋"，也有为情侣量身而做的小驿站，每一家店都非常独特，而把这所有店集合在一起的，就是这条开放

在慢生活车站等待一辆永远不会出现的列车

型的慢生活步行街。

在这条以"慢"为主题的步行街中，你可以一杯茶、一本书，晒着太阳，消磨一整个下午的慵懒时光。

### 给旅途一段慢时光

慢生活街区位于西溪湿地公园二期的福堤，属于免费开放区域。

经过一条写满不同字体的"福"字的青石板路，就可以看到一块设计得很场景化的区域，这里由各种废旧物品组合制作而成，而且涂上了不同的颜色。

这里最显眼的就是一个木质的"慢邮筒"。古老的质地，斑驳的颜色，承载着从前的生活。旅行者从这里寄出的一份份思念、一份份祝福，这些思念与祝福，沾染了不一样的色彩，被寄到亲友的手中。

"慢邮筒"旁有一个"慢生活车站"，很多人也会在这里拍照留影，坐在"慢生活车站"里，仿佛在等那一班永远不会开来的列车。

从前很慢，风景很美，现在，你也可以感受那种"慢慢的美"。

1.绿植墙下的福堤焰鱼码头　　2.懒懒咖啡的庭院

## 景点资讯

地　　址：杭州市西湖区文二西路西溪湿地北大门内

门　　票：无

# 客栈
## KEZHAN

## 云水驿国际青年旅舍
### ——安家在爱丽丝的梦境

云水驿国际青年旅舍坐落于风景如画的西溪天堂商业街，从开业时起就被关注，始终都能带给人惊喜。西溪天堂商业街林立着许多国际高端酒店和精品酒店，而云水驿国际青年旅舍，以独特的平民气息出现在这里，受到许多人的喜爱。

◆ 客栈特色

◆ 每个房间都有不同主题
◆ 混搭风格的神马花园餐厅
◆ 经常会举行活动

### 悠享慢生活

在西溪这片被高端酒店和豪宅包围的区域，想做一家平价青旅并不是一件容易的事，但云水驿不仅做到了，而且一直做得很好。

沿着西溪天堂的小路往里走，穿过商业街，在中国湿地博物馆的入口不远处，云水驿的名字被一片繁华与绿叶簇拥着。

坐电梯到三楼，便可看见由不同大小样式的青花瓷盘组合而成的青旅前台，两块木牌上写着：牵着蜗牛去旅行！这可真的是"慢生活""慢旅行"了。

旅店老板最初的职业是广告设计策划，一直想做青旅，小河直街的云水谣餐厅也是他开的，但那里面积太小，所以就没能完全按照他的想法来做，留下了一点遗憾。

云水驿是中国第一个慢生活组织"慢联帮"的一员。所谓的"慢联帮"——慢生活联盟，是让人们在家门口就能找到旅行的状态。放下繁重的工作、忙碌的生活，让自己

云水驿的前台很有创意

的身心都慢下来，静静享受当下。

## 融合世界风

在西溪入梦，醒来第一眼就能看到无双的风景，这是很多人梦寐以求的清晨。云水驿可以满足你的要求。

旅舍有两层，三楼以多人间床铺为主，被称为"十六铺青年旅舍"，高低铺可以让旅行者感受青春时光，回味校园生活，体验学生时期宿舍卧谈会的有趣。

四楼则是特色主题房。一共二十间客房，由二十位不同领域的设计师设计完成。榆林、磨坊、泡房、公社、萤火、童话……每个房间都有不同的名字、不同的创意、不同的设计风格。

无论是满屋的紫罗兰色调，仿佛走进了薰衣草花海的法式标房；还是淡色的主基调，碎花装饰，清新而又明快的田园风房间；或者墙上贴着六七十年代的海报，布置着旧家具家电和贴有奖状的复古怀旧房间；或者充满无限创意，支着一顶橙色户外露营帐篷的房间；抑或配备了可爱的童床和各种充满趣味的玩具，专为家庭出游准备的房间……每个人都能在这里找到自己喜欢的房间类型。

仿佛让人置身于爱丽丝仙境般的餐厅

躺在面朝湿地的独立阳台躺椅上，听着舒缓的音乐，在别致的环境里，全身心地放松，抛开平日的烦扰，享一段悠然的慢生活。

## 想到什么就有"神马"的花园餐厅

沿着前台右侧的通道往前，踏过小池塘中的圆石板，便是"神马花园"餐厅。

还没走进餐厅，就有一种仿佛来到了爱丽丝梦境花园中的感觉。

神马花园犹如它的名字一般，什么都有。混搭中充满了用心与创意。

餐厅由旧居的大露台改造而成，房顶是大块的玻璃，用餐时阳光从头顶洒下，惬意温暖。餐厅的很多装饰是将废品重新利用，比如餐桌是用旧轮胎支撑的。餐厅里还摆着店主从各地淘来的旧留声机、飞机和机车玩具，也是一道风景。

餐厅内部整体呈岛形，中间是大型的吧台，提供各式酒水饮料。餐厅一侧是开放式的就餐座位，另一侧则是几个风格各异的主题包厢，有中式风格的"云水·江南"、美国西部风格的"野牛·小镇"、泰式风格的"清迈·时光"、台式的"九分·天空"、日式的"伊豆·舞女"、韩式的"小鸟·庄园"，实在是独具匠心。

除了装修有世界各国风格外，神马花园餐厅还提供世界各国口味的菜肴：日式料理

家庭亲子房

豪华套间浪漫唯美

帐篷主题房间

寿司、港式烧腊茶点、泰式焗饭等，你能想得到的，在神马花园餐厅都能品尝得到，创意和混搭在这里得到了极好的诠释。

## 混搭的东西街

除此之外，云水驿还有很多好玩的创意空间。

三楼餐厅边上的房间，是一个开放式书吧。书吧旁是一间宽敞明亮的会议室，需要的时候，它可以摇身一变成为KTV。房间里有游戏机、沙发和台球桌。餐厅另一边的走道，还有着四间不同风格特色的娱乐包厢，可以打麻将，可以玩桌游打扑克。这儿真是无论你想到什么都能提供给你的好地方。

来到这儿，你会对这里的一切保持新奇，并且享受这种新鲜感。

## 客栈资讯

地　　址：杭州市西湖区紫金港路21号西溪天堂商业街内

电　　话：0571-56660506 15968104004

预订方式：网络/电话

房间价格：床铺65～88元，房间270～522元

# 麦家理想谷
## ——梦想且留下

文学爱好者们，一定不要错过杭州的『麦家理想谷』。这里集合了所有『书社』该有的要素，更确切地说，这是一家文学图书馆，只让读者在这里看书而不售卖书籍，进门要换拖鞋，有种在家的感觉。这里的所有咖啡茶水全部免费，完全公益性质，是一家以莎士比亚书店为原型建立的书店综合体。

◆ 书店特色

◆ 纯公益性质的咖啡馆书店
◆ 文学爱好者交流写作营

## 仪式感初体验

麦家理想谷位于西溪创意产业园，靠近西门。进门后，沿着水泥路往里走，穿过一座石桥，不久就可以看到一排竹制围栏，妙趣横生，一派天然。上面有一些牌子，写着一些句子，关于书籍、关于梦想、关于内心。

围栏后的红砖建筑就是麦家理想谷，一幢三百多平方米的二层小楼。红砖墙上一排排红灯笼，不禁让人想起了张艺谋的电影。这里有故事，关乎文学、公益、诗意。

走进院子，可以看到一个石磨水景，循环着潺潺流水，迎接着八方来客。庭院中散落着一组桌椅，旁边放置着木质鞋架，上面摆放着几双棉质拖鞋，旁边一块小黑板上写着：读书就是回家。

这应该是麦家理想谷与其他书店最大的不同之处——换上拖鞋，走进店里看书。换鞋是一个极具仪式感的动作。如同门口写的"入谷前的一次弯腰，让理想，不染尘埃"。

*所有进谷人员必须拖鞋或者穿上绒质鞋套*

因为麦家理想谷为了营造安静舒适的环境，用的全是地毯，为了避免打扰到其他人，换鞋，轻入，这样的动作，也很符合书店倡导的"回家看书"的理念。

## 这里的一切都是免费的

一层是书店，供所有喜爱阅读的社会人士看书。走进去，会立刻被这里的环境所吸引。这里装饰古典，书香满屋，舒适、温暖，很有家的感觉。读者都捧书阅读着，屋里安静得连一根针掉地上都能听见。

这里的一切都是免费的。书籍、茶水、咖啡、舒适的沙发、温暖的空调。这里"只看书，不卖书"，没有任何商业的影子。

二层是两间供客居写作者居住的卧室，大约十二平方米的房间内，书桌、书柜、单人床齐全，样式简洁，质地考究。

如果你也想成为这里的客居写作者，可以把自己的作品寄来这里，附上个人简介以及写作计划，这里的编辑会进行精心挑选，若是被选中，可以在此居住两个月潜心创作。

巴黎塞纳河畔的莎士比亚书店曾收留过四千多名需要帮助的文学爱好者，如乔伊斯、庞德、海明威等。麦家也想把理想谷建造成文学爱好者的栖居地。

温馨舒适的看书空间

麦家成名作《风声》

## 说谈麦家

说到麦家理想谷，就不得不说这位茅盾文学奖获得者、被誉为"中国谍战文学之父"的著名作家——麦家。

他的作品《解密》因为题材独特、内容新奇，赢得了西方主流媒体的好评，在西方出版界刮起了一阵"麦旋风"。而更多人知道麦家，是从电影《风声》开始的。

麦家理想谷，其实就是麦家自己的家庭书房。

麦家知道每个文学青年刚开始写作时的孤独和艰辛，所以希望通过麦家理想谷这个平台让更多的文学爱好者聚集在这里，相互交流。

博尔赫斯说："天堂的模样，大概就是图书馆的样子。"麦家说："它是我做梦的地方，我也希望它去教人如何生活得更诗意、更轻盈。"——在这里，人们读的是书，感受的是追求理想的力量。

麦家理想谷，写作者和爱书人的天堂，在这里，梦想且留下。

📍 书店资讯

地　　址：杭州市西湖区文二西路683号西溪文化创意产业园11号

电　　话：15372064661　0571-86693690

# 猫的天空之城概念书店

## ——寄给未来

对很多文艺青年来说，『猫空』绝对不是陌生的名字。从苏州第一家『猫空』开始到遍布全国，这家书店已经把文青的需求做到了极致。如今，『猫空』已经不仅是一家书店、一家咖啡馆、一家明信片主题店，更是这座城市的文艺标志。

◆ 书店特色

◆ 明信片全部独立原创
◆ 文艺青年聚集地

## 售卖的是情怀

天空之城，很容易让人想起宫崎骏的动画，浪漫且唯美。尤其是久石让的作曲，有种让人落泪的优美曲调和动人心弦的美妙音律。而来到猫的天空之城概念书店，也能感受到唯美的延续。仿佛一进这儿的大门，就变成了文艺青年，忘记时间，在这里拍照、写字、把玩屋里的小物件，自由自在。

猫的天空之城概念书店在杭州有两家，这家有着优美的环境和文艺的气息，是我在杭州见过的文青最多的"书店"。

这里的商品琳琅满目，书本、明信片、茶叶、小礼品、衣服、包包、文具，还有咖啡、奶茶、松饼和甜品。你可以不买东西，可以随便拍照，可以只是坐坐，在这里没有束缚。

这里的明信片都是原创的，有富含当地魅力的城市记忆设计，有猫空特色的LOMO怀旧设计，有创意无限的木质镂空，还有主题鲜明的胶片画面……猫空有十余位插画设计师、平面设计师参与创作。每一张都很独特，每一页都盛满创意。在这里寄明信片，不仅可以寄给朋友，还可以"寄给未来的自己"；写完明信片后，选定寄

这幢浪漫的全玻璃房就是猫的天空之城概念书店

出的日期，然后店员便会在那一天将明信片寄出。

这里还有很多美好的小杂物，画着猫的水杯、猫轮廓木质书签、猫空青瓷印台、手工记事本、彩色胶带、咖啡礼盒……都是设计师自己设计的，而且所有小物件都离不开猫的影子，令人爱不释手。

书店只经营四类图书：旅行类、艺术类、绘本类、文学类。

## 两只猫的世界

除了小物品全是猫咪主题之外，这里还真的有两只可爱的猫咪，深受客人们的喜爱。

一只是浅黄色的斑纹虎皮猫，很萌，很霸道，总是懒懒地趴在吧台，半睁着眼，一副爱理不理的模样，也许是客人们过于惯着它，造就了飞扬跋扈的性格，见人并不友好，甚至有点小脾气，一不高兴就抓人。另一只是黑灰色的虎皮大脸猫，一双琥珀色的眼睛略显忧郁，脖子上挂着"猫的天空之城"专属圆牌，上面写着它的名字"COCO"。

店里因为有了这两只明星猫，从而经常有顾客慕名前来，或找它们拍照，或与它们逗乐。伴着阳光、音乐、美食，旁边还有可爱的猫咪，也是足够幸福的了。

1 | 2 | 3 / 4 | 1. 整个墙面的明信片　　2. 购书休闲两相宜　　3. 是否有一句话让你看到心头一暖
2. 猫空招牌的泰式奶绿茶和提拉米苏

除了两只猫，店里也经常有宠物狗出没，温顺的金毛犬趴在主人身边看书，爱笑的萨摩耶乖巧地跟着主人来玩，看来附近养狗的住户特别多，所以这里也就成了宠物的乐园。

## 最好的时光

一家书店可以温暖一座城市。

这个透明玻璃房里的世界，温柔且深情。

蓝白色调的家具，配合着多彩的摆件、干花，将书店的氛围烘托得很美好。吧台巧妙地用英文书籍搭叠起来，一块简单的不锈钢招牌，刻着"猫的天空之城概念书店"。

在"猫空"，你可以看到很多打扮精致恬静文雅的女子，一个人，点一杯咖啡、一份甜品、捧一本书，一坐就是一整天；也可以看到两三闺蜜，在柜台前精心挑选明信片，托腮咬笔，静静思考，写下温柔的文字，寄给最爱的朋友或者未来的自己；也有好友在此聚会，品尝着书店主打的丝袜奶茶和太妃坚果松饼，谈笑风生，任凭时光流逝，

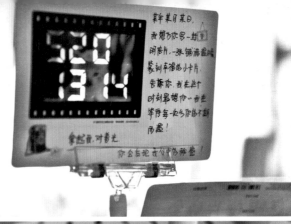

只留下午后的温暖一笑。

　　这里，没有矫揉造作，随处可见别致的小清新；这里，可以尽你所想，享受悠闲的午后时光；这里，一切事物都变得极其美好、极其温柔。

📍 书店资讯 ————————

地　　址：杭州市西湖区天目山路518号西溪国家湿地公园花间堂旁

电　　话：0571-88733577

穿越餐厅
——回归『曾经的样子』

穿越餐厅是杭州著名的『外婆家』的旗舰店，位于西溪。这里将环境、菜品都做到了极致，但价格依旧亲民。

◆ 餐厅特色

◆ 江南水乡结合工业风
◆ 性价比绝高

## 杭州四美

友人开玩笑说，杭州有"四美"：绿茶、白鹿、弄堂里、外婆家。

这"四美"，绝对是吃货们评选出来的。这四家餐厅最大的特点，就是不管哪一家餐厅分店，每到饭点必定等位，等上一两个小时都属正常。而外婆家，更是毫不夸张地说，如果来得晚的话，可能等到八点都还没吃上饭。

那么，外婆家究竟有什么样的魅力，能吸引如此多的人呢？原因有三：绝佳的就餐环境、极高的菜色品质、超低的餐品价格。就靠着这三点，打造出了这家杭州口碑超高的"平民时尚餐厅"。

说起环境，想当年外婆家刚开业的时候，和朋友去吃饭，看环境还以为是一家价格高昂的餐厅，结果一看菜单，彻底傻眼，一道家常豆腐才三块钱。如此实惠的价格，又要保证营业额，翻台率必然是很高的。

木桌竹凳的包厢

## 穿越千年

外婆家有那么多分店，风格可以是异曲同工的，但这家穿越餐厅，却和以往的风格完全不同，走的是大胆的工业风，但也不失江南水乡的柔美，整个环境与西溪湿地融合得恰到好处。

餐厅大堂中间有一个很大的水景区，从一层贯穿到屋顶，悬挂着各式乌篷船。古色古香的砖瓦、黄土墙面、精致的雕花旧窗等传统建筑元素，设计师将中国古代的院落用现代的手法处理，整个地搬进了餐厅。

穿越餐厅有一条很长的通道，铁艺楼梯配上两旁的蜡烛灯，仿佛一台时光穿梭机，把你从钢筋水泥的这头带进时光隧道，穿越到古朴时光的另一个端点。在那一边等待你的，是"曾经的样子"。如同外婆家所想体现的，"回归"到原本该有的模样。

这里已经不仅是一家餐厅，一砖一瓦都有着自己独特的寓意。

## 菜色俱佳

穿越餐厅虽属于外婆家的高端餐厅，但价格仍很亲民。

| 1 | 2 |
|---|---|
| 3 | 4 |

1. 外婆家招牌榴梿酥　　2. 铜盆花蛤新鲜味美

3. 菜色一如既往地摆盘精致　　4. 每一个菜色都做得很精致入味

外婆家的菜不仅做到了色、香、味俱全，更注重创新和创意。从菜单设计到摆盘艺术，甚至连桌位上的灯光，都赏心悦目。每一道菜端上，都会让你觉得是一件艺术品。在对艺术的追求上，穿越餐厅在所有细节上都做得一丝不苟。

这里的菜品和外婆家稍有些不同，除了外婆红烧肉、金牌油条虾、茶香鸡等招牌菜外，还特别注重创新，每季都会有新品出现，每道菜都让客人赞不绝口。

我最爱的还是外婆家的榴梿酥，三个一盘，色泽金黄，香味浓郁，外脆内嫩，趁热一口咬下去，夹杂着浓郁的榴梿味，喜欢吃榴梿的人，绝对无法拒绝。

所有菜都能给客人惊喜，耗油芥蓝很嫩，绿得油光发亮，摆盘很精致；肚包鸡肉嫩汤鲜，分量十足；铜盆花蛤配有咸肉虾干，新鲜味美；有机花菜软硬适中，口味正宜。

穿越餐厅，努力将餐厅做到极致。

## 📍 餐厅资讯

地　　址：杭州市西湖区紫金港路21号西溪天堂旅游综合体20号楼

电　　话：0571-89937660

人均消费：100元

特色推荐：外婆红烧肉、金牌油条虾、茶香鸡、榴梿酥

# 暗恋桃花源
## —— 精致在眼前盛开

《暗恋桃花源》，原本是赖声川导演的一部有名的话剧。而在西溪天堂里的『暗恋桃花源』则是一间格调与品位兼具的中式居酒屋。这里注重食物的品质和舒适的情怀，店堂的环境很古典，虽是主打日式料理，但装修风格却是古典的特色中国风，色彩艳丽，对比鲜明，很引人注目。

◆ 餐厅特色

◆ 创意日本料理
◆ 文艺青年聚集地

## 桃花源梦想

每个人都幻想过陶渊明笔下的桃花源，那里也许阳光满溢，也许鲜花盛开，也许是晨钟暮鼓云深处，也许是竹林山间有人家，总之，幻想中的桃花源一定是浪漫如诗的，正如这里一样。

我是被这家店的装修风格吸引而入的，浅蓝色的旧竹木围栏上，挂着"暗恋桃花源"字样的浅粉色纸灯笼。里面是一些斑驳的黑色旧木桌椅，一扇高而窄的小门敞开着，上面写着"独一无二的中式居酒屋"。

它与云水驿同属一个老板，老板致力于推广慢生活的理念：我们来到这个世界，不仅是为了工作，我们是来玩的，找一个地方，自己先玩起来，然后我们一起玩……

走进店堂，昏暗的灯光配着浪漫的音乐，餐具桌椅都整齐地摆放着，就像一个消失的桃花源，处处都能够发现惊喜。每个桌位上都挂着款式不同、颜色不一的复古吊灯，餐桌木架前还挂有一个古铜色的小铜铃，若有需求，轻敲下面的鱼坠，服务生便会来到你的面前。

这里的颜色和图形运用得很大胆，玫红色的复古皮质沙发上，放着翠绿色的方形靠

| 1 | 3 | 4 |
|---|---|---|
| 2 | | |

1. 餐厅的彩色吊灯　　2. 每一个细节都能勾起回忆　　3. 二楼的洗手台设计
4. 中式居酒屋的细节和品质

枕，墙面都被刷成了绿色，灯罩又是夺目的暖红色。

楼道旁摆放着很多古董装饰，一体式的做旧竹制隔断。二层空间用红色的玻璃分隔，古老的洗手台上都是中国古典剪纸工艺做成的背景。

二楼只有两个包厢，都是榻榻米的设计，中间一个竹质茶几，花布艺做成的座椅围合一圈，古旧素墙上挂着一些剪纸工艺相框，另一边的竹架子中挂着很多驼铃，一派古典又浓重的特色中国风。

### 原、本、真味

虽是中式装修风格的居酒屋，但主打仍是日料。

厨师长坚持认为，餐厅的关键在食物，而食物的关键在品质，尤其是日料，吃得就是新鲜，马虎不得。

这里的三文鱼是亮点，很厚、很新鲜，喜欢刺身的朋友不要错过。

菜品的分量都不大，但是摆盘很精致，食材很新鲜，做工很上心。厨师的用心，可见一斑。

♀ 餐厅资讯 ────────────────

地　　址：杭州市西湖区紫金港路21号西溪天堂

电　　话：18167102060

人均消费：140元

特色推荐：三文鱼刺身、土豆泥沙拉、天妇罗

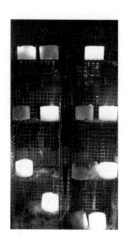

# 柴田西点
## ——甜蜜梦中人

在西溪的文艺圈中最有名气的，不是餐厅，不是酒店，不是咖啡馆，而是这家西点店——柴田西点。价格不便宜，但很多喜欢甜点的朋友会慕名而来，只为尝一口『闪电泡芙』和『女神』。

◆ 餐厅特色

◆ 柴天武的法式甜点店
◆ 胶片质感的复古环境
◆ 二楼有电影滚动播放

电影画面

柴田西点在杭州西点迷的心中地位很高。

柴田西点就在外婆家穿越餐厅的旁边，其开放式的空间设计，融入了穿越餐厅的整体设计元素，却也不失自己的特色，两家店的风格相得益彰。

柴田西点的入口很隐蔽，旧钢板配上一些绿植造型，简单的LOGO和英文标识，还有一扇隐蔽的自动感应移门。

走进室内，画风突变，仿佛突然进入王家卫的电影中。胶片般的质感、厚重的格调、精美的装饰、幽暗的灯光、轻灵的音乐，向所有来客诉说着关于柴田西点的故事。

店内整体环境很暗，无论是白天或是晚上来，这里都是昏暗的。好似提醒身体里的每一个细胞，都进入一个状态：当你走进这个空间，就可以静下心来品尝精心制作的西点了。

与前门入口的隐蔽神秘不同，柴田西点的后门则完全开放，几乎没有"门"的概念。两侧摆放着蜡烛的镂空铁艺楼梯一通而上，一颗巨大的树灯悬吊在空中，地面两个

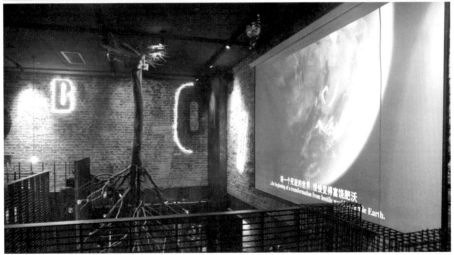

$\dfrac{1}{2}$　　1. 二层散座区　　2. 巨大的投影始终滚动播放着电影

台阶和复古花色地砖成为唯一的分界线。隔壁，就是穿越餐厅。

　　沿着楼梯向上，可以看到一面巨大的投影墙，滚动播放着电影。楼上分设了几个区域，风格更加文艺复古，仿佛电影中的场景。

## 西点神话

　　你一定无法抗拒这电影场景般的环境，但是更无法抗拒的，是高品质的西点。这里主打的"闪电泡芙"和"女神"都是必点产品。

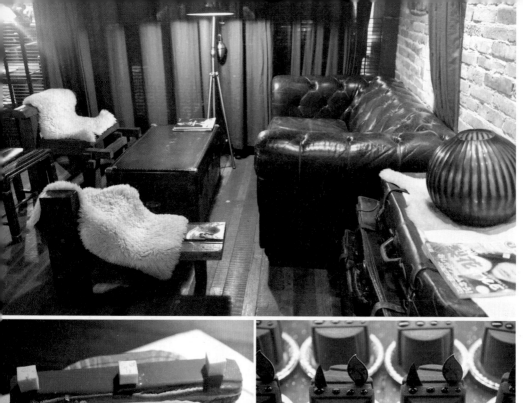

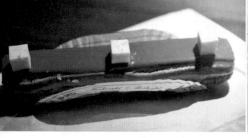

1
———
2 | 3

1. 电影感很强的卡座　2. 口味绝佳的闪电泡芙　3. 招牌甜品女神

　　"闪电泡芙"是当仁不让的明星产品，太妃酱和海盐的结合让人称赞，上面的法国黄油甜中带咸，口味独特。

　　而总厨推荐的"女神"层次特别丰富，入口即化。里边有奶油和巧克力，巧克力味道恰到好处，入口有苦味，几口之后又有回甘，底部是饼干硬底，做工精致，口感也不错。

　　除了西点甜品之外，这里的咖啡口味也不错，值得一试。

📍 餐厅资讯 ————————————————————————

地　　址：杭州市西湖区紫金港路21号西溪天堂国际旅游综合体20号楼外婆家门口

电　　话：0571-87357582

人均消费：60元

特色推荐：闪电泡芙、女神

# 后记
AFTERWORD

经过一年多的走访和写作，这本书终于接近尾声。

整整13个月，几乎每个周末都沉浸在杭州的大街小巷，走访了100多家民宿、餐厅、咖啡馆、独立书店……走访的路上，遇到过很多困难和挫折，面对过很多冷峻的面孔和排斥的言语。我曾很多次想到了放弃，但是最终还是努力坚持下来了，因为我的情感始终在这座城市。

我曾走过世界上五十多个国家的四五百座城市，却没有一座城市，能像杭州这样让我热爱。除了这里是我的家乡之外，更重要的是，在杭州，可以把日子过成诗，将琴棋书画修成爱。

在我走访的这一年多时间里，发现了太多之前未曾发现过的杭州之美，且把这份美好用镜头和文字记录下来，传递给所有人。难以想象，世界上有一个这么美的地方，它叫杭州。

马可·波罗曾将杭州称为世上最美的城市。年少时的我，并不懂得去欣赏体会，直至年长，才愈加感受深刻。

杭州，就是这样一个充满着魔力的城市，即使你以为与她亲如发肤，依旧可以时时发现惊喜，让我们的每一天、每一刻都充满着未知。

没有一座城市，能像杭州这样，轻易在城市和风景中转换，一年四季都有着不同的景致，从清晨到日暮，每一个时间都散发着不一样的韵味。

杭州绝不是来一次，或者待几天，就能看得懂的。旅行者仅仅只是轻微地触摸，是无法感受到杭州真正魅力的。她需要你用心，花很长时间，慢慢沉淀，细细品味，才能发现美好。一旦了解，便会不能自已地爱上。

只要你带着一颗足够纯粹的心去探究、去寻找、去发现，杭州，一定会满足你所有的想象和期待。

章芝君